KB108342

大韓帝國官報에 수용된
일본어어휘의 편제별 분류

김 지 연

제이앤씨
Publishing Company

머리말

본서는 개화기 한국어에 수용된 일본어 연구의 일환으로 大韓帝國官報에 수용된 일본어 어휘를 관보의 편제에 따라 분류를 한 것으로 大韓帝國官報에 수용된 일본어가 『官報』내 어느 부분에 많이 수용되었는지를 용례를 통하여 정리한 것이다. 수용된 어휘가 어느 편제에 주로 사용되었는가를 알게 되면 수용어휘의 성격과 수용사정을 파악할 수 있기 때문이다.

官報에는 국가의 각종 법령이나 예산, 새로운 정부 조치의 발표, 관리의 서임 및 사령, 외국과의 조약 사항, 각종 관청의 조치를 고시하므로 당시 중앙 관청이 하급 관청과 일반인들에게 하달하던 어휘가 총 망라되어 있다. 실제로 대한제국 시기 발행된 官報에는 갑오개혁이후부터 한·일 합방까지 16년 2개월에 걸쳐 우리나라 개화기의 법령류가 거의 실려 있을 뿐만 아니라 정부의 움직임이 공식적으로 기록되어 있다. 官報는 당시 조선 정부의 정치, 행정, 인사, 군사, 외교, 학사, 사법, 경찰, 산업, 재정, 교통, 위생, 기상, 외국 소식 등 각 분야를 골고루 수록하고 있어 공문서에서의 다양한 어휘의 출현과 수용을 살피는데 중요한 자료로 생각된다. 공문서인 官報에 고시된 어휘는 중앙 정부는 물론 지방 관청까지 하달되므로 그 파급 효과가 상당하며 官報에 고시된 내용은 한시적인 유행어가 아닌 법률적인 효력을 가진다. 본서는 개화기 한국어 어휘 성립에 있어서 일본어 어휘의 영향을 연구하고 있는 필자의 기초적인 연구의 일부를 자료의 성격으로 정리한 것이며 아직 해결해야 할 과제가 많다. 이 자료집의 오류가 있다면 그것은 전적으로 非學淺才한 필자에게 있음을 말씀드리고 싶다. 끝으로 본서의 출판을 맡아주신 제이앤씨 출판사 여러분께 감사드린다.

2014년 봄
김지연

일러두기

   1894년 6월 21일부터 1910년 8월 29일에 이르기까지 16년 2개월 동안 발간된 대한제국『官報』는 총 19,600면에 달하며 발행된 회수는 4,768회였다. 『官報』는 처음부터 호수가 기재된 것은 아니었다. 1894년 6월 21일부터 1895년 3월 29일까지는 호수 표시 없이 발행되다가 1895년 4월 1일부터 호수를 표시하기 시작하였다. 또한 문장에 있어서도 1894년 6월 21일 창간호부터는 순 한문체로 발행되었으나 약 6개월 후인 1894년 12월 11일자부터는 국한문혼용문으로 발행하였으며 이 국한문혼용문은 1910년 8월 29일 대한제국『官報』발행이 끝날 때까지 계속되었다. 대한제국『官報』의 발행 사항을 표로 정리하면 다음과 같다.

『官報』의 연도별 발행 사항

年度	年號	號數	面數
1894년	高宗31년, 개국503년 甲午	6월 21일-12월30일(號數없이발행)	910面
1895년	高宗32년, 개국504년 乙未	1월 1일-3월 29일(號數없이발행) 제1호(4월 1일) 제213호(11월 15일)	266面 1,165面
1896년	建陽元年 丙申	제214호(1월 4일) 제521호(12월 31일)	857面
1897년	建陽2년,光武元年 丁酉	제522호(1월 일) 제834호(12월 31일)	836面
1898년	光武2년 戊戌	제835호(1월 1일) 제1,146호(12월 31일)	919面

年度	年號	號數	面數
1899년	光武3년 乙亥	제1,147호(1월 2일) 제1,458호(12월 30일)	1,066面
1900년	光武4년 庚子	제1,459호(1월 1일) 제1,771호(12월 31일)	1,288面
1901년	光武5년 辛丑	제1,772호(1월 1일) 제2,084호(12월 31일)	1,045面
1902년	光武6년 任寅	제2,085호(1월 1일) 제2,397호(12월 31일)	1,191面
1903년	光武7년 癸卯	제2,398호(1월 1일) 제2,710호(12월 31일)	1,057面
1904년	光武8년 甲辰	제2,711호(1월 1일) 제3,024호(12월 31일)	1,207面
1905년	光武9년 乙巳	제3,025호(1월 2일) 제3,337호(12월 30일)	1,332面
1906년	光武10년 丙午	제3,338호(1월 1일) 제3,650호(12월 30일)	1,189面
1907년	光武11년, 隆熙元年 丁未	제3,651호(1월 1일) 제3,961호(12월 28일)	1,255面
1908년	隆熙2년 戊申	제3,962호(1월 4일) 제4,264호(12월 28일)	1,364面
1909년	隆熙3년 乙酉	제4,265호(1월 4일) 제4,566호(12월 28일)	1,537面
1910년	隆熙4년 庚戌	제4,567호(1월 4일) 제4,768호(8월 29일)	1,114面

편제 및 내용에 있어서는 세 번의 변화가 있었다. 우선 첫 호(1894년 6월21일자)부터 1895년에서 3월29일까지 이며 이 기간 동안의 『官報』는 특별한 체제가 없이 내용을 간단하게 기재한 시기이다. <그림 1>은 『官報』제1호의 기사의 실제 형태이다.

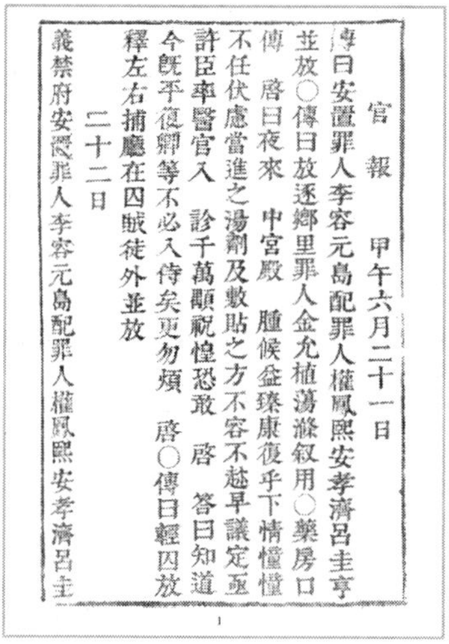

官報　甲午六月二十一日

每日安置罪人李容元島配罪人權鳳熙安孝濟呂圭亨
並放○傳日放逐鄕里罪人金允植滌叙用○藥房口
傳　啓日夜來　中宮殿　腫候益臻康復乎下情憧憧
不任伏慮當進之湯劑及數貼之方不容不越早議定速
許臣率醫官入　診千萬顒祝惶恐敢　啓　答日知道
今旣平復卿等不必入侍矣更勿煩　啓○傳日輕囚放
釋左右捕廳在四賊徒外並放
二十二日
義禁府安置罪人李容元島配罪人權鳳熙安孝濟圭

1

<그림 1> 대한제국『官報』의
제1호 기사

1129

<그림 2> 새로운 체제의『官報』

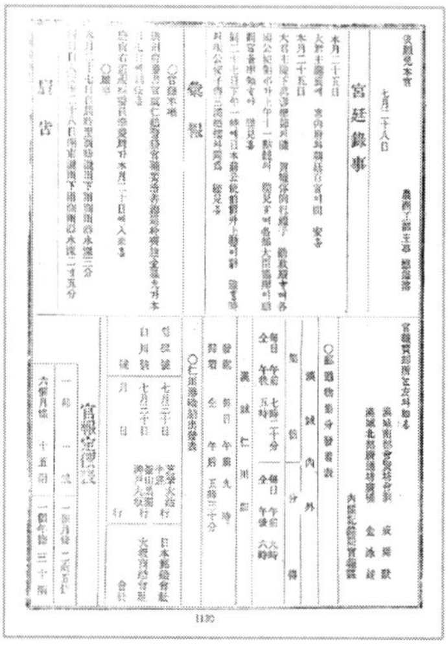

1130

<그림 3> 새로운 체제의『官報』

<그림 4> 일본의「官報」

두 번째 체제의 변화는 1895년 4월1일부터 1907년 12월11일까지이다. 이 시기에는 『官報』의 내부 체제가 칙령(勅令)과 각령(閣令), 서임(敍任), 궁정녹사(宮內錄事), 휘보(彙報) 등으로 나누고 거의 매 호에 정오(正誤), 오식(誤植)을 표시 하였다. 이 시기는 분량도 많이 늘어나고 내용도 다양하다.

세 번째로 편제가 바뀌는 시기는 1907년12월 12일(隆熙元年, 제3,947호) 이후로 이날 閣令 제1호에 『官報』의 새로운 편제를 공표하였다.

이날 공표된 『官報』의 편제는 다음과 같다.

① 조칙(詔勅) : 국가 또는 帝室에 관한 것으로 國務大臣이나 궁내부대신이 副署한 것

② 협약, 협정, 약속

③ 예산 및 예비금지출

④ 법률

⑤ 칙령(勅令) 또는 궁내부포달(宮內府布達)

⑥ 각령(閣令)

⑦ 부령(部令) 또는 궁내부령(宮內府令)

⑧ 훈령(訓令)

⑨ 고시(告示)

⑩ 서임(敍任)과 외국훈장, 紀章의 수령, 패용허가를 포함하는 사령(辭令)

⑪ 행사, 행계(行啓), 알현(謁見), 배식(陪食), 사안(賜宴), 포상, 구휼(救恤), 제기(祭紀), 황족의 동정(動靜), 기타 궁정(宮廷)의 기사를 포함하는 궁정녹사(宮廷綠事)

⑫ 관청사항(청사의 개폐, 이전, 官吏의 발탁, 개명, 사망), 사법, 경찰, 감옥, 학사(學事), 산업, 재정, 교통, 위생, 지방행정잡사(地方行政雜事) 등을 분류하여 수록한 휘보(彙報)

⑬ 관상(觀象)

⑭ 광고

이와 같이 대한제국『官報』의 편제 및 내용은 「朝報」의 형태에서 근대식『官報』로 체제의 변화를 거듭하여, 내용과 편제가 충실하게 갖추어진 형태로 변화하였다.

대한제국『官報』가 일본에서 발행되던[1] 「官報」의 체제를 모방하여 발행을 시작한 이래로『官報』의 체제가 종전과 많이 변하는 것은 1895년 4월 1일부터이다. 기존의 朝報형식에서 새로운 체제의 『官報』로 형식이 바뀐 것은 1895년 6월 1일부터이다. <그림 1>이 기존의 朝報형식이었다면 <그림 2>와 <그림 3>은 새로운 체제의 근대적인『官報』형식이다.

본서에서는『官報』의 편제가 상세해진 1907년12월 12일 이후의 편제에 맞추어『官報』에 수록된 어휘가 어느 항목에 나타나는가를 살펴보았다. 이에 대한 조사 결과는 다음의 표와 같다.

---

1 일본에서는 이미 1883년도에 「官報」가 발행되기 시작하였다.

『官報』편재 내의 일본어 어휘의 수용 부분

관보기사 항목	출현 단어수	비율
1. 詔勅	15	0.76%
2. 협약, 협정, 약속	20	1.01%
3. 예산 및 예비금지출	24	1.22%
4. 법률	194	9.9%
5. 勅令 및 宮內府布達	331	16.9%
6. 閣令	130	6.6%
7. 部令 또는宮內府令	350	17.8%
8. 訓令	16	0.81%
9. 告示	71	3.61%
10. 敍任과 辭令	50	2.54%
11. 宮廷錄寫	171	8.7%
12. 官廳事項 및 彙報	330	16.7%
13. 觀象	4	0.2%
14. 廣告	60	3.05%
15. 外報	175	8.89%
16. 時刻表	13	0.66%
17. 其他(備考, 正誤등)	2	0.1%
18. 소속 항목이 없는 것	11	0.55%
합계	1,967	100%

용례는 단어, 官報에서의 초출년도, 편제, 편제번호, 초출 예문순으로 정렬하였다.

일부 편제에 대한 간단한 설명을 덧붙이면 다음과 같다.

<詔勅>

詔勅이란 원래 천자(天子)가 내리는 명령 또는 그 명령을 적은 문서로서 진(秦) 나라 시황제(始皇帝) 때의 재상 이사(李斯)가 천자의 명(命)과 영(令)을 제(制)와 조(詔)로 바꾸었다. 한(漢) 나라 때에는 천자의 명령을 책(策), 제(制), 조(詔), 칙(勅)으로 구분하였는데, 책(策)은 제후 또는 군군(郡臣)에게 작위(爵位)나 봉토(封土)를 하사(下賜)하는 경우에 내리는 명령, 제(制)는 제도의 개정, 은상(恩賞), 사면(赦免)을 할 때 내리는 명령이었다. 그리고 조(詔)는 중앙 관아에 대한 명령, 칙(勅)은 그 이외의 여러 명령과 지방 관아에 내리는 명령을 뜻하였다. 그 후 원·명나라대에 이르러 포괄적으로 천자의 일반적인 명령을 뜻하게 되었다. 이와 같이 중국에서 들어온 개념을 한국에서도 사용하였으므로 한국에서도 일반적으로 왕의 명령이나 국가 또는 帝室에 관한 것으로 國務大臣이나 궁내부대신이 副署한 내용을 말한다.

<勅令 또는 宮內府布達>

勅令은 임금이 관부(官府)에 내리는 명령의 일종으로 칙령은 그 자체만으로 법의 효력이 있었다. 칙령들을 모아서 법전(法典)을 편찬하기도 하였는데, 조선에서는 고종(高宗)이 황제(皇帝)로 즉위한 이후에 쓰여 법으로 구실하였다.[2] 이처럼 『官報』에 나타나는 칙령은 법으로서 효력을 발생하였으므로 칙령에 나타나는 어휘는 공식적으로 자리를 잡아가는 어휘로 볼 수 있겠다. 宮內府는 조선 말기 궁궐내의 각사(各司)와 여러 궁가(宮家)를 관장하고 통솔하기 위해 설치한 관아로 고종(高宗) 31년(1894)에 설치하여 광무 11년(1907)까지 존속하였다.[3] 또 布達은 일반인들에게 널리 펴 알리는 관아의

---

2 그 이전에는 중국의 임금이 조선의 임금에게 보내는 외교 문서 가운데 한 종류[勅]를 가리켰음.
3 그 후에 다시 隆熙 원년(1907)에 설치되어 대한제국 말기 제실(帝室) 내의 모든 사무

통지이다.

<閣令>

閣令은 내각에서 내린 행정 명령을 말한다.

<部令 또는 궁내부령>

部令은 행정 각부의 장이 소관 사무에 관하여 법률이나 위임 또는 직권으로 발하는 명령이다. 보통 시행법 또는 시행세칙이라고 하여 공포된다.『官報』도 역시 部令에는 細則이 대부분 따른다.

<訓令>

訓令은 상급 관청이 하급 관청의 권한 행사를 지휘하기 위해 발하는 명령을 말한다. 훈령 가운데서 하급 관청의 신청 또는 문의에 의해 발하는 명령을 특히 지령(指令)이라고 한다. 훈령은 대체로 『官報』를 통해 공시하나, 훈령 가운데「官報」를 통해 공시하지 않는 것을 내훈(內訓)이라 한다. 훈령 또는 지령은 법규의 성질을 지니지 않는 행정명령으로, 하급 관청에 대해서는 구속력이 있으나, 일반 개인에 대해서는 법규로서의 효력을 갖지 않는다.『官報』에서도 訓令의 하부사항으로 예를 들면 法部訓令第八號와 같이 권한 행사를 지휘하기 위해 발하는 명령이 있다.

<告示>

告示는 행정기관이 국민 일반에게 널리 알리기 위해 일정한 사항

를 맡아 처리하던 관아로 隆熙 4년(1910)에 국권 상실로 없어짐.

을 공고(公告)하는 것을 말한다. 원칙적으로 법규의 성질을 갖지 않는다.

<宮廷錄寫>

宮廷錄寫는 행사, 行啓, 謁見, 陪食, 賜宴, 포상, 救恤, 祭紀, 皇族의 動靜, 기타宮廷의 記事를 포함한다.

<官廳事項및 彙報>

彙報[4]는 관청사항(청사의 개폐, 이전, 官吏의 발탁, 改名, 사망)을 비롯하여 사법, 경찰, 감옥, 學事, 산업, 재정, 교통, 위생, 地方行政 雜事등 을 분류하여 수록하였다.

<外報>

外報는 외국 소식 및 학문, 개화문명에 관한 기사가 주된 내용이다.

<기타>

正誤, 議案, 備考, 別紙, 號外 등에서 출현하였다.

<항목이 없는 것>

이들 어휘들은 『官報』의 기사에는 존재하나 『官報』의 체제가 정비되기 전의 기사나 그 후 체제가 정비된 후에 게재된 기사라도 특별한 항목이 없는 경우를 말한다.

---

4 한 계통의 여러 가지를 종류별로 분류하여 한데 모아 알리는 기록이나 보고

『官報』의 편제와 내용에 대해서는 위에서 언급한 바와 같이 편제가 세 번이나 바뀌었고 1907년12월 12일(隆熙元年, 제3,947호) 이후부터 14가지 항목으로 편제가 바뀌었기 때문에 주의를 요한다.

대한제국『官報』에 수용된 일본어 어휘 추출방법은 중국과 일본, 한국 연구자들이 일본어로 인정한 단어들을 집계하여 단일 목록을 만들었다.

① 중국 학자들이 현대중국어에 들어온 일본어 단어로 인정한 것 : 1,797단어
② 일본 학자들이 明治 이후 일본에서 만들었거나 오래 전 부터 일본에서 사용하여 일본어 단어로 인정한 것 : 7,584단어
③ 한국 학자들이 일본어에서 한국어로 들어 온 것으로 인정하는 것 : 1,482단어

이들 ①②③ 단어들을 모두 합치면 10,963 어이다. 이들 10,963어 중에는 ①②③에 공통적으로 나오는 어휘는 1,215 단어로서 이를 실제로 조사한 단어는 9,748단어 이다. 본서에서 대한제국『官報』의 용례 검색에 사용한 도구는 에디터 프로그램「秀丸5.1」이다. 이 프로그램은 일본 회사 제품이나 유니코드를 지원하고 있으며 다언어에 대응하는 텍스트 에디터라서 대한제국『官報』를 검색하는데 전혀 지장이 없다.[5]『官報』에서 검색어를 추출하는 과정 및 그 순서는

---

5 히데마루(秀丸)에 대해서는 해당 회사 홈페이지(http://hide.maruo.co.jp/)를 참조할 것

다음과 같다.

① 추출된 검색 대상어(10,953단어)를 엑셀파일로 작성한다.
② 텍스트 에디터를 기동하여 검색 대상어를 차례로 입력한 뒤 각 검색어가『官報』에 출현하는지 검색한다.
③ 검색 결과 출현 여부를 확인하며『官報』에 나올 경우 이들 사용례 전체를 엑셀 파일에 저장한다.
④ 검색 대상어가『官報』에 사용되었을 경우, 각 용례의 형태와 의미, 용법 등이 일본어와 일치하는지 확인한다.
⑤ 앞의 과정에서 검색된 어휘와『朝鮮後記漢字語彙檢索辭典-物名考·廣才物譜-』(鄭良婉·洪允杓·沈慶昊·金乾坤편, 韓國情神文化硏究院, 1997)에 수록된 어휘를 대조하여 어형과 의미가 일치하는 것은 제외시켰다.
⑥ 최종적으로『官報』에 나오는 일본어 단어를 수합 정리한다.

본서에서는 위와 같은 방법으로 검색 대상어가『官報』에 출현하는지 확인하였다.

大韓帝國官報에 수용된
일본어어휘의 편제별 분류

차 례

大韓帝國官報에 수용된
일본어어휘의 편제별 분류

大韓帝國官報에 수용된
일본어어휘의 편제별 분류

1. 詔勅

大韓帝國官報에 수용된 일본어어휘의 편제별 분류

激動   (1895.8.21)   [詔勅 1]
용례 가起ㅎ■兵丁의心을激動ㅎ야畢竟大內에
奔訴ㅎ기에至ㅎ나

苦痛   (1909.1.4)   [詔勅 1]
용례 를巡ㅎ야地方의情形을覽察ㅎ고赤子의苦
痛을詢問코ᄌ홀시

局面   (1895.8.24)   [詔勅 1]
용례 ᄂ宏業이其成에克底ㅎ리니邇來聯邦에事
變이層生ㅎ■局面

迷惑   (1896.2.27)   [勅諭 1]
용례 ㅎᄂ者가有ㅎ니是ᄂ朕의可愛ᄒ赤子어니
와其愚蠢迷惑ㅎ야

民族   (1909.9.15)   [告諭 1]
용례 浸淹ᄒ所祟에不過ᄒ지라是以로現世西歐
民族은雖個人이라

民会   (1909.12.28)   [告諭 1]
용례 长渊郡守朴始淳刚而不挠ㅎ니以致民会之
嚻讼이오病实有

兵士   (1896.2.15)   [詔勅 1]

       용례   轄ᄒ얏든部曲을離ᄒ고逃走ᄒ야兵士를煽
             動ᄒ거나或悖令을

保守   (1896.10.9)   [詔勅 1]

       용례   에ᄂ「구랏도수동」氏의演說을贊成ᄒ고保
             守黨機關紙에ᄂ大

赴任   (1905.10.11)   [詔勅 1]

       용례   禮山郡守李範紹赴任屬耳에隨事盡心이라上

庶民   (1905.5.29)   [詔勅 1

       용례   外永垂無窮庶民生知所畏避而有司易於遵
             奉也鳴呼尙欽哉

人事   (1905.3.1)   [詔勅 1]

       용례   三退職將校及相當官의人事及名簿에關ᄒ
             事項

臨時   (1905.4.29)   [詔勅 1]

       용례   詔曰日本國臨時軍用鐵道監部陸軍工兵大
             佐牧野淸人

贊成   (1896.2.16)   [詔勅 1]

       용례   의業을贊成ᄒ라前日에不日還御ᄒ意를宣
             示ᄒ

革新   (1908.9.1)   [詔勅 1]

       용례   之行이로되適會革新之際ᄒ야執迷誤解者
             ㅣ不無投合而糾結

2. 협약, 협정, 약속

大韓帝國官報에 수용된 일본어어휘의 판제별 분류

家族　　　　　(1894.8.22)　　　　[收入條規 2]
　　　　　용례　第十九条宮内官吏와其家族은宮内府大臣
　　　　　　　　의许可를得홈이

看做　　　　　(1905.6.30)　　　　[收入條規 2]
　　　　　용례　ㅎ고面村里長을納人으로看做홀境

過誤納　　　　(1895.4.5)　　　　　[收入條規 2]
　　　　　용례　第二十七條租稅及其他歲入이若或過納或
　　　　　　　　錯誤가有■則收入調定官은其過誤納의數
　　　　　　　　額과事由를具ㅎ야度支部大臣에게對ㅎ야
　　　　　　　　卽納額還付의承認을求ㅎ미可홈

慣例　　　　　(1907.1.31)　　　　[收入條規 2]
　　　　　용례　目的ㅎ土地家屋에揭示ㅎ고且同時에其所
　　　　　　　　在地慣例를依ㅎ

管理　　　　　(1905.6.30)　　　　[收入條規 2]
　　　　　용례　歲入事務管理廳

官吏　　　　　(1899.9.1)　　　　　[收入條規 2]
　　　　　용례　에具狀ㅎ야醫師와衛生官吏와警察官吏와
　　　　　　　　或府郡人吏等의

卷尺　　　　　(1902.10.21)　　　　[度量衡規則 2]
　　　　　용례　細帶金■、革、麻、布、卷尺三尺三寸五周

尺六尺六寸(一間)一米突二米突

金巾　　　　　(1909.9.15)　　　　　[外國貿易槪況 2]

용례　生金巾二八、二九〇四九、五二〇三二六、
　　　一九〇四七四、三八一-一四八、一九一

器具　　　　　(1900.10.1)　　　　　[商規則 2]

용례　第九十條犯罪호情을知호고器具物品을供
　　　給호거나誘導指

銅版　　　　　(1908.1.11)　　　　　[印刷局分課規程 2]

용례　二活版銅版寫眞版石版其他各種의印刷에
　　　關호事項

맛디　　　　　(1909.6.22)　　　　　[外國貿易槪況 2]

용례　輸出入重要品年別比較(自光武八年至隆熙
　　　二年)

맛지　　　　　(1909.2.16)　　　　　[外國貿易槪況 2]

용례　外國貿易槪況(隆熙二年十二月分)關稅局
　　　調査

方法　　　　　(1905.9.6)　　　　　[收入條規 2]

용례　第十八條倉庫의建築構造並營業의方法에
　　　關호야는度支部

法律　　　　　(1896.7.14)　　　　　[收入條規 2]

용례　詔勅勅令法律과閣令部令及各官廳官制와
　　　警察衛生財政軍旅

報酬　　　　　(1906.4.26)　　　　　[收入條規 2]

용례　八會社負擔에歸屬호設立經費及發起人이
　　　受호報酬

步合　　　　(1909.7.9)　　　　　　[高等女學校令施行規則 2]
　　　　용례　算術은整數、分數、小數、比例、步合算을
　　　　　　教授홈이可ᄒ고

複製　　　　(1908.9.7)　　　　　　[條約 2]
　　　　용례　範圍에屬ᄒ著作物의著作者ᄂ其著作物을
　　　　　　複製ᄒᄂ權利를

敷地　　　　(1894.7.11)　　　　　　[建築所分課規程 2]
　　　　용례　一建築所寫眞場及셰멘도試驗室新築並同
　　　　　　敷地地均工事

세멘도/세멘쏘 (1908.12.1)　　　　　[外國貿易槪況 2]
　　　　용례　外國貿易槪況(十月分)關稅局調査

세면도　　　(1909.2.16)　　　　　　[外國貿易槪況 2]
　　　　용례　外國貿易槪況(隆熙二年十二月分)關稅局
　　　　　　調査

세엔도　　　(1908.9.19)　　　　　　[外國貿易槪況 2]
　　　　용례　漆喰「세엔도」石膏、土瀝靑、土砂等隆熙
　　　　　　二年十月三十一日

시딩구　　　(1909.3.16)　　　　　　[外國貿易槪況 2]
　　　　용례　外國貿易槪況(隆熙三年一月分)關稅局調査

시딩쑤　　　(1909.6.22)　　　　　　[外國貿易槪況 2]
　　　　용례　輸出入重要品年別比較(自光武八年至隆熙
　　　　　　二年)

시이진구　　(1908.12.1)　　　　　　[外國貿易槪況 2]
　　　　용례　外國貿易槪況(十月分)關稅局調査

시징구　　　(1909.2.16)　　　　　　[外國貿易槪況 2]
　　　　용례　外國貿易槪況(隆熙二年十二月分)關稅局

調査

시징쑤   (1909.9.20)   [外國貿易槪況 2]

용례 外國貿易槪況(昨日의續)(隆熙三年七月分)
關稅局輸入之部

아니린   (1909.4.5)   [外國貿易槪況 2]

용례 外國貿易槪況(隆熙三年二月分)關稅局調査

아니링   (1909.9.20)   [外國貿易槪況 2]

용례 外國貿易槪況(昨日의續)(隆熙三年七月分)
關稅局輸入之部

預金   (1905.7.6)   [條例 2]

용례 銀行에任置ㅎ고各人의預金簿ᄂ同課長으
로保管케흘事

耳鼻咽喉科   (1909.11.30)   [大韓醫院分課規程 2]

용례 內科、外科、眼科、産科、婦人科、耳鼻咽
喉科、小兒科

燐寸   (1908.9.28)   [外國貿易槪況 2]

용례 燐寸三五、四三七二九五、六八七

引出   (1898.2.7)   [宮廷錄事 2]

용례 驪興府大夫人喪發引出城門路以何門爲之
乎敢

障子   (1909.11.20)   [消毒執行規程 2]

용례 障子、襖扉、欄間、欄干、引手、釘隱、
柵等

職業   (1898.8.1)   [規程 2]

용례 第九條所掌區域內에情形地理와住民의種
類職業及官衙學

3. 예산 및 예비금지출

大韓帝國官報에 수용된 일본어어휘의 편제별 분류

控除   (1905.6.31)   [豫算說明書 3]
용례   셔現金支撥을控除홈이可홈

教科書   (1905.12.15)   [歲出經常部 3]
용례   第四項教科書印刷費二千七百圜

交際   (1898.8.1)   [歲出經常部 3]
용례   第十二條平素交際를愼ㅎ며持身潔白ㅎ야
他人의輕侮를受

給料   (1905.12.22)   [歲出豫算說明書 3]
용례   第一事務員給料諸給及旅費

機器   (1898.4.21)   [歲出豫算說明書 3]
용례   第四條種痘所에셔應用ㅎᄂ機器와痘苗ᄂ
本部에셔准備ㅎ

企業   (1909.4.3)   [國庫歲出入額 3]
용례   企業資金參拾參萬五千圓金融資金拾萬圓
을繰入ㅎ由

大隊   (1905.3.8)   [豫算說明書 3]
용례   侍衛第一聯隊第三大隊見習陸軍步兵叅尉

方針   (1902.3.10)   [豫算 3]
용례   不念ㅎ고愛憎不均ㅎ야前后報部辭意에一

無敎育上方針이

便所　　　　(1896.1.21)　　　　　[豫算 3]

용례　又同調書中에漢城內大小便所設置費四千
四百餘元을要求

變則　　　　(1896.1.21)　　　　　[豫算 3]

용례　一本館ᄂᆫ本年度에變則中學科로改設ᄒᆞᄂᆫ
計劃이니學生百

相對　　　　(1896.8.21)　　　　　[豫算 3]

용례　第一條大隊長이觀察使及各港監理와平等
相對ᄒᆞ되文牒往

常用　　　　(1896.1.21)　　　　　[歲出豫算說明書 3]

용례　一前年度ᄂᆫ各廳事務更張홈을爲ᄒᆞ야常用
備品에新備가多

歲入　　　　(1905.12.22)　　　　　[歲入 3]

용례　第七條歲入歲出의豫定計算書ᄂᆫ管理者가
此ᄅᆞᆯ調製ᄒᆞ야

消耗　　　　(1900.10.1)　　　　　[歲入 3]

용례　第百七十八條贓物의不消耗品이나消耗品
이라도現存ᄒᆞᆫ者

純益　　　　(1906.4.26)　　　　　[豫算說明書 3]

용례　損益計算表

女学校　　　　(1894.8.19)　　　　　[豫算 3]

용례　第七項女学校及幼稚园金一万一百五十圜

慰藉　　　　(1907.4.24)　　　　　[豫備金支出 3]

용례　十钱과地方邮便局取扱所遭难慰藉金一千

二百十圜을預备金

義塾　　　(1896.1.21)　　　　　[留學生費 3]
　　　　　용례　慶應義塾入學生은一百五十人으로目的홈
　　　　　　　坐前年度에設塾

醬油　　　(1909.9.20)　　　　　[副食品費 3]
　　　　　용례　外國貿易概況(昨日의續)(隆熙三年七月分)
　　　　　　　關稅局輸入之部

財源　　　(1908.7.29)　　　　　[法令 3]
　　　　　용례　臨時財源調査局技手有馬愛之介

割引　　　(1896.1.21)　　　　　[豫算說明書 3]
　　　　　용례　一圖書購買費以下各費目에若干割引을加홈

4. 법률

~假　　　　　(1909.4.3)　　　　　[判決 4]

　　용례　六十五圜으로써賣買ᄒᄂ假契約을成立홈
　　　　에至ᄒ지라然而該

假契約　　　　(1909.4.3)　　　　　[判決 4]

　　용례　六十五圜으로써賣買ᄒᄂ假契約을成立홈
　　　　에至ᄒ지라然而該

假處分　　　　(1909.10.4)　　　　　[法律第十三號 4]

　　용례　囑託書에假處分命令의正本을添附ᄒ야此
　　　　를特許局에囑託

甲種　　　　　(1898.7.25)　　　　　[法律 4]

　　용례　에ᄂ事件에輕微及寡少를不計ᄒ고警務賞
　　　　與令甲種賞에依

強盜　　　　　(1906.1.31)　　　　　[法律 4]

　　용례　三和港裁判所審理強盜罪人朴柱業照刑法
　　　　大全

檢查役　　　　(1908.9.28)　　　　　[商法 4]

　　용례　四取締役及監查役又ᄂ檢查役이商法第百
　　　　三十四條의規

見出帳　　　　(1908.9.28)　　　　　[商法 4]

　　용례　第八條登記所에ᄂ登記簿、見出帳及接受

帳外에左의帳簿

決算 (1905.12.31) [法律 4]
  용례 一各官廳의報來ᄒᆞᄂᆞᆫ計算書及決算書並證
據書類編纂保

結婚式 (1909.4.3) [判決 4]
  용례 皇太子殿下結婚式用物品을皇室에上納ᄒᆞ
얏스나于今其代

契印 (1894.8.22) [法律 4]
  용례 에셔繕写ᄒᆞ야番号을记入ᄒᆞ야官印与契印
을钤ᄒᆞ며■発送

고丨구 (1908.9.19) [商標法 4]
  용례 石炭「고丨구」薪、炭、附木、燭心等

公開 (1906.3.24) [法律 4]
  용례 第一條店鋪를公開ᄒᆞ고證券의割引又ᄂᆞ爲
替事業又ᄂᆞ諸任

供給 (1900.10.1) [裁判宣告書 4]
  용례 第九十條犯罪ᄒᆞᆯ情을知ᄒᆞ고器具物品을供
給ᄒᆞ거나誘導指

攻守同盟 (1900.10.1) [法律 4]
  용례 九本國이나攻守同盟國의命令이나公信의
遞傳을妨碍ᄒᆞᆫ

公証 (1909.12.28) [法律 4]
  용례 公証昭然苟究其罪固当免官惩辦而此時邊
邑之務難付生手厚

過料 (1908.8.27) [法律 4]
  용례 圜以上一千圜以下의過料에處홈其事犯이

副總裁나又는理

果物　(1909.10.4)　　　[商標法施行細則 4]

용례　第四十七類穀菜類、種子、果物、穀粉、澱
粉及其製品

掛時計　(1909.11.20)　　　[意匠法施行細則 4]

용례　袂時計、置時計、掛時計、鎖、附添品等

教監　(1909.8.9)　　　[裁判 4]

용례　公立普通學校本科訓導兼教監松下菊治

橋梁　(1905.12.21)　　　[法律 4]

용례　舊來의道路橋梁溝渠運河等을

蒟蒻　(1908.9.19)　　　[商標法 4]

용례　穀粉、葛粉、山慈姑粉、麵類、湯葉、蒟
蒻、氷豆腐、凍蒟蒻等

國事犯　(1905.5.3)　　　[法律 4]

용례　巳亥五月分逢着田鎔圭相議在逃國事犯情
形偵探之事庚子八

規那　(1909.10.4)　　　[商標法 4]

용례　林、規那鹽、莫兒比涅、丁幾劑、舍利別、
煎劑、水劑、浸劑、丸

規那鹽　(1909.11.20)　　　[商標法 4]

용례　酸類、鹽類、亞爾加里、漂白粉、樹脂、
膠、燐、酒精

勤務　(1905.4.22)　　　[意匠法施行細則 4]

용례　第三條憲兵隊長은部下을監督ᄒ야諸勤務
의方法을指定ᄒ

| 記憶 | (1905.6.31) | [司法 4] |
| | 용례　捕縛押送警廳而至於敺辱巡檢其時以泥醉
所致未能記憶云其 | |

| 基地 | (1902.12.31) | [法律 4] |
| | 용례　官報第二千■百六十九号宮廷録事欄内典
守金基地流配 | |

| 닛계루 | (1908.9.19) | [商標法施行細則 4] |
| | 용례　金「닛계루」銀及「푸리다냐메쏠」도此에屬홈 | |

| 다ㅣ록 | (1909.10.5) | [商標法施行細則 4] |
| | 용례　船上의發熖(다ㅣ록桶、油樽等을燃燒ᄒ類) | |

| 다오루 | (1909.11.20) | [商標法施行細則 4] |
| | 용례　足袋、「한까지ㅣ후」、手拭、「다오루」、袱
紗、風呂敷等 | |

| 다이나마이도 | (1908.9.19) | [商標法施行細則 4] |
| | 용례　大砲、小銃、獵銃、短銃、火藥、綿火藥
「다이나마이도」雷管 | |

| 다이야ㅣ | (1909.11.20) | [商標法施行細則 4] |
| | 용례　用車輛、車輪、「다이야ㅣ」等 | |

| 斷言 | (1891.11.14) | [裁判 4] |
| | 용례　目을難掩이오證據人이丁寧이斷言ᄒ며被
告ᄒ李周會ᄂ本 | |

| 短冊 | (1908.9.7) | [意匠法施行細則 4] |
| | 용례　紋紙、擬革紙、襖紙、壁紙、表紙、色紙、
短冊、紙箋、書簡筒 | |

| 答申 | (1895.11.12) | [法律 4] |
| | 용례　一商業에關ᄒᄂ官廳諮問에答申ᄒᄂ事 | |

当分　　　　　(1907.7.19)　　　　　[司法 4]
　　　　　　　용례　囚禁束自是当分而为其禁喊使之钳口憎其
　　　　　　　　　　頑拒而去益高喊仍

代納　　　　　(1894.10.25)　　　　　[司法 4]
　　　　　　　용례　有通變並許代納排結取耗以矯還弊事令廟
　　　　　　　　　　堂稟處爲

代言人　　　　(1899.6.13)　　　　　[司法 4]
　　　　　　　용례　理則被告之姪鄭仲弼曾有負債於京居閔承
　　　　　　　　　　旨而閔家代言人呈

對質　　　　　(1905.5.3)　　　　　[裁判 4]
　　　　　　　용례　性會河周明對質則被告以役夫募集事與河
　　　　　　　　　　周明互相呶呶先請

代替　　　　　(1900.10.1)　　　　　[法律 4]
　　　　　　　용례　代替ᄒ境遇에ᄂ許代人과被代人은各히笞
　　　　　　　　　　六十에處ᄒ고上

貸出　　　　　(1908.6.9)　　　　　[意匠法施行細則 4]
　　　　　　　용례　貸出金勘簿

塗料　　　　　(1909.10.4)　　　　　[意匠法施行細則 4]
　　　　　　　용례　第二類染料、顔料、媒染料及塗料

動産　　　　　(1908.9.28)　　　　　[法律 4]
　　　　　　　용례　一賃貸ᄒ意思로써ᄒᄂ動産或은不動産의
　　　　　　　　　　有償取得

同心　　　　　(1895.2.2)　　　　　[裁判宣告書 4]
　　　　　　　용례　然故라ᄒ야上下同心ᄒ라爾臣民의心은

람푸　　　　　(1908.9.19)　　　　　[商標法施行細則 4]
　　　　　　　용례　「람푸」燭臺、燈籠等

레스 (1908.9.19) [意匠法施行細則 4]
용례 「레스」打紐、飾綠等

리귤 (1908.9.19) [商標法施行細則 4]
용례 葡萄酒、麥酒「쑤란데」「벨못도」「후이식기」
「리귤」

摩擦 (1905.5.29) [法律 4]
용례 三帶傳ㅎㄴ公文을摩擦ㅎ야封皮가壞裂홈
에至흔者ㄴ一

莫兒比涅 (1908.9.19) [商標法 4]
용례 規那鹽、莫兒比涅、T幾劑、舍利別、煎
劑、水劑、浸劑

妄想 (1894.8.19) [司法 4]
용례 에処홀만ㅎ오나被告가不识时宜ㅎ고做出
妄想而欲附匪徒ㄴ

望遠鏡 (1909.10.4) [商標法施行細則 4]
용례 度量衡器、感光膜、製圖器、體操用器具、
望遠鏡、顯微鏡、

買物 (1905.5.29) [法律 4]
용례 十雇人或貰用이나買物홀時에卽히支價치
아니ㅎ거나支

買上 (1905.12.21) [法律 4]
용례 ㄴ前五個年間株券價格을平均ㅎ야此을買
上ㅎㄴ價格으로

買占 (1905.5.29) [法律 4]
용례 第四百五十四條賜牌를蒙有ㅎ얏거나買占
흔文券이有ㅎ거

免疫   (1909.8.16)   [意匠法施行細則 4]

용례   二牛疫에罹홀疑가有ᄒ거나又ᄂ炭疽에罹ᄒ者로免疫血

名士   (1905.8.4)   [司法 4]

용례   南原郡守尹■古家規範名士聲譽高會之費分當化遒俗以

毛皮   (1909.10.4)   [意匠法施行細則 4]

용례   毛皮、柔革、馬具、文匣、革帶、唐弓絃等

木履   (1909.11.20)   [意匠法施行細則 4]

용례   木履、草履、靴、添附品等

物質   (1909.12.28)   [司法 4]

용례   従来慣用를因ᄒ야限十个年間并用ᄒ기為ᄒ야种類形状物質

味淋   (1909.11.20)   [意匠法 4]

용례   葡萄酒、麥酒、「샥란쎄」、「벨못도」、「위숙이」、味淋、白酒

未成年者   (1908.9.7)   [商法 4]

용례   第三十條商號의變更又ᄂ未成年者、妻、後見人이나支配人

剝取   (1905.5.29)   [法律 4]

용례   九山殯을毀破ᄒ고衣衾을剝取ᄒ者

鉢   (1909.11.20)   [意匠法施行細則 4]

용례   膳、椀、皿、鉢、杯、菓子器、茶器、珈琲器、壜、罐等

發電機   (1909.10.4)   [商標法施行細則 4]

용례   汽罐、汽機、發電機、電動機、變壓器、織

機、紡績機、裁縫機、

베긴쑤	(1909.11.20)	[意匠法施行細則 4]

용례　米、麥、粟、黍、稗、豆、蕈、乾瓢、球根、麯種「모야시」、베긴쑤쌔우자아、「이ㅣ스도、쌔우자아」、麥粉、葛粉、麵類、湯葉

벨못도	(1908.9.19)	[商標法 4]

용례　葡萄酒、麥酒「쑤란데」「벨못도」「후이식기」「리귤」

壁紙	(1909.11.20)	[意匠法施行細則 4]

용례　紋紙、紋革、擬革紙、襖紙、壁紙、表紙、包紙、短冊、書簡箋

變壓器	(1909.10.4)	[商標法施行細則 4]

용례　汽罐、汽機、發電機、電動機、變壓器、織機、紡績機、裁縫機、

補償	(1909.10.4)	[鑛業法 4]

용례　에規定ᄒ 補償金額의確定審決은强制執行에關ᄒ야ᄂ公證

袱紗	(1909.11.20)	[意匠法施行細則 4]

용례　袱紗、手巾、卓被、「레ㅣ쓰」羽織紐、帶締紐、時計紐、飾總等

奉仕	(1905.3.8)	[商標法施行細則 4]

용례　第二十八條侍從院에左갓치職員을寘ᄒ야常侍奉仕ᄒ고侍

不動産	(1902.12.31)	[法律 4]

용례　一不動産及本銀行과外他銀行諸会社衿券을典当貸与ᄒ며

敷物   (1909.11.20)   [意匠法 4]
    용례 第七類敷物

分配   (1908.9.28)   [法律 4]
    용례 給과其生産이나 又는 獲得흔 物品의 分配等

舍利別   (1909.11.20)   [意匠法 4]
    용례 規那鹽、莫兒比涅、丁幾劑、舍利別、煎
          劑、水劑、浸劑、丸藥、膏藥、散藥、錠藥

石筆   (1909.10.4)   [意匠法施行細則 4]
    용례 筆、墨、印肉、印材、「인쓰」、印刷用、
          「인쓰」、石筆、鉛筆、「쎈」、

先取   (1909.10.4)   [法律 4]
    용례 第四十五條先取特權은 又는 質權은 本法을 依
          흐야 受흘 補償金

設定   (1909.10.4)   [法律 4]
    용례 本令施行前의 意匠權의 設定에 關係흔 願書
          中登錄請求範圍와

纖維   (1909.10.4)   [法律 4]
    용례 도 韓國産이 滿州産에 比흐야 皆纖維分이 少
          흠은 卽皮가 薄흔所

成敗   (1895.11.15)   [裁判宣告書 4]
    용례 成敗事機를 觀望흘 次로 太廟門外에 躊躇흐
          다가 犯闕兵이

消耗品   (1905.7.15)   [法律 4]
    용례 前項에 物品이라 稱흔 者는 器具器械備品消
          耗品動物及一切

刷新   (1905.6.29)   [特許法施行細則 4]
용례   之道凡百有司宜體此心振肅官紀刷新弊習
若或一向襲謬壞損

刷子   (1909.10.4)   [商標法 4]
용례   第六十四類刷子及鬘類

受入   (1906.1.18)   [司法 4]
용례   名稱越高受入計費消殘

收入印紙   (1909.7.12)   [特許法施行細則 4]
용례   收入印紙賣下郡指定件中消除件

巡檢   (1907.3.11)   [裁判宣告書 4]
용례   巡檢采用에關ᄒᆞᆫ事項

巡廻裁判所   (1895.5.1)   [法律 4]
용례   巡廻裁判所에對ᄒᆞᄂᆞᆫ訴ᄂᆞᆫ其管轄되ᄂᆞᆫ巡廻
裁判開廷이無█時에限ᄒᆞ야上訴

承諾   (1905.12.30)   [法律 4]
용례   提出ᄒᆞ야其承諾을求홈이라

乘車券   (1905.12.21)   [法律 4]
용례   케ᄒᆞ되其官吏에게ᄂᆞᆫ便乘或常乘車券을交
付ᄒᆞᆯ事

時効   (1908.7.17)   [法律 4]
용례   第二條本法에定ᄒᆞᆫ期間에ᄂᆞᆫ初日을算入지
아니홈但時効期

食料品   (1909.9.15)   [法律 4]
용례   甲、食料品

申告   (1898.8.1)   [法律 4]
용례   有ᄒᆞ거든上官에게申告ᄒᆞᄂᆞᆫ事

申請   (1900.12.24)   [法律 4]
        용례 無待於小子之申請父皇陛下其必有淵然深
              省勉强而許之

實用新案   (1909.11.5)   [登錄稅法 4]
        용례 特許、意匠、商標、實用新案에關ᄒ日本
              國法令等을左갓치揭佈홈

實驗   (1896.1.21)   [法令 4]
        용례 本年度歲出를調査ᄒ즉各府ᄂ前年度에實
              驗을經ᄒ야精實히

失火   (1896.2.6)   [法令 4]
        용례 第十五條失火時燒災에ᄋ罹ᄒᄂ家ᄂ該家
              人을救助ᄒ며ᄹ樓

審査   (1905.12.30)   [司法 4]
        용례 第十二條物品保管人은帝室會計審査局의
              調査及審査를

審判   (1908.9.7)   [法律 4]
        용례 人에게移轉ᄒ야도審判에影響을及ᄒ事가
              無홈

亞爾加里   (1908.9.19)   [意匠法施行細則 4]
        용례 類、鹽類、亞爾加里、漂白粉、護謨、膠
              燐、酒精

洋服   (1905.5.22)   [裁判宣告書 4]
        용례 之相詰其時金着洋服矣矣身曰此人雖着洋
              服亦韓人云該兵以

洋酒   (1908.9.7)   [商標法 4]
        용례 第六十六類洋酒

에리야스 (1908.9.19)   [意匠法施行細則 4]
용례 掌甲、襪、洋單衣(에리야스)等

旅客 (1894.8.19)   [法律 4]
용례 七旅客과运送人间에当ㅎ运送赁을目的으
로ㅎ는诉讼

役員 (1908.8.26)   [法律 4]
용례 第三十六條東洋拓殖株式會社의決議나又
는役員의行爲가

演劇 (1908.9.7)   [登錄稅法 4]
용례 一演劇脚本每一種面金五拾圜

領卷 (1909.11.20)   [特許法施行細則 4]
용례 衣服、袴、帶、襟、肩掛、領卷等

瓦斯燈 (1908.9.7)   [意匠法施行細則 4]
용례 燭臺、手燭、行燭、燈籠、洋燈、瓦斯燈、
電燈等

椀/皿 (1909.11.20)   [意匠法施行細則 4]
용례 膳、椀、皿、鉢、杯、菓子器、茶器、珈琲
器、壜、罐等

外債 (1896.1.21)   [稅關 4]
용례 一外債는漸次整理홈에就ㅎ야本年度는乙
未新借款三百万

郵送 (1894.8.22)   [勅令 4]
용례 도三個月分(郵送에依ㅎ는者는郵稅를添付
홈)의代價

偶然 (1907.3.2)   [裁判宣告書 4]
용례 旨依奏际玆庆礼之辰适见百岁之寿事非偶

然尤为稀贵依典式

運賃
(1905.12.21)　　　　　[法律 4]
용례　第二十六條旅客及貨物運賃額과運輸規程
을定ᄒᄀᄂ

原意
(1909.10.4)　　　　　[意匠法 4]
용례　効로된境遇에善意ᄒ原意匠權者

僞造紙幣
(1909.7.27)　　　　　[法律 4]
용례　銀行券의僞造變造에係ᄒ罪ᄂ刑法僞造紙
幣의各本條를照ᄒ야處斷홈

位置
(1909.2.27)　　　　　[法律 4]
용례　特別手數料의金額은漁場의位置漁業의組
織及漁獲豫量

義捐金
光武八年六月二十三日　[司法 4]
용례　開戰各國則關系與我向殊然其國人民或爲
自願兵或出義捐金

履物
(1909.11.20)　　　　　[特許法施行細則 4]
용례　履物及其附屬品

移民
(1906.7.12)　　　　　[法律 4]
용례　前項義務를負擔ᄒᄂ期間은移民을前往시
기든其月로붓터

利子
(1896.1.21)　　　　　[法令 4]
용례　第六項乙未借款利子十八万元

人民
(1898.8.1)　　　　　[法律 4]
용례　第十五條統計人民保護ᄒᄂ事項은行政司
法警察과衛生事

引上   (1909.10.3)   [法律 4]

용례   海底電信線의布設又는引上에從事ᄒᆞᄂᆞᆫ船舶은夜間에在ᄒᆞ

人形   (1908.9.7)   [商標法 4]

용례   鞠、碁、將碁、人形、獨樂、弓、球突具、押繪、骨牌等

日覆   (1906.5.25)   [租税 4]

용례   第十三條日覆ᄂᆞᆫ炎暑時軍裝常裝에在ᄒᆞ야常帽에用ᄒᆞᆷ이라

賃金   (1905.12.21)   [法律 4]

용례   輸方畧及賃金相計等節은農商工部大臣이決定ᄒᆞᆷ이라

自首   (1896.4.7)   [法律 4]

용례   第十八條賊盜에犯ᄒᆞᆫ者가自首ᄒᆞᄂᆞᆫ境遇에ᄂᆞᆫ現時事狀에依

雜報   (1908.9.7)   [商標法 4]

용례   二新聞紙及定期刊行物에記載ᄒᆞᆫ雜報及政事上의論說或

裝飾   (1909.12.28)   [意匠法施行細則 4]

용례   藝遊戲所徽章裝飾彩會賭博船舶

爭議   (1905.3.1)   [法律 4]

용례   七各部間主管■限의爭議에關ᄒᆞᆫ事項

抵當   (1905.12.8)   [法律 4]

용례   公債證書有價證券을抵當(典執)ᄒᆞ고六個月以內의

摘取　　　(1898.2.2)　　　　　　[判決宣告書 4]
　　　　용례　檢朴東煥이가內局朝房柱隅에셔摘取匿名
　　　　　　　書一度를北署權任

專門家　　(1908.9.28)　　　　　　[國有未墾地利用法 4]
　　　　용례　은專門家의豫히想像ᄒᄂ바인듸農商工部
　　　　　　　에셔經營ᄒᄂ蔬

摺附木　　(1909.11.20)　　　　　[商標法施行細則 4]
　　　　용례　第五十四類摺附木

情景　　　(1905.6.27)　　　　　　[判決宣告書 4]
　　　　용례　致砲殺其所情景極爲慘惻云査照後移照軍
　　　　　　　部派兵剿滅爲望等

第三者　　(1908.3.31)　　　　　　[法律 4]
　　　　용례　三、第三者의權理有無

曹達水　　(1909.11.20)　　　　　[商標法 4]
　　　　용례　曹達水、密柑水、「라무네」、「사이다ㅣ」等

組物　　　(1909.11.20)　　　　　[意匠法施行細則 4]
　　　　용례　他類에不屬ᄒ織物、編物、組物及其製品

集中　　　(1900.10.1)　　　　　　[法律 4]
　　　　용례　第二條預備後備의軍人이召集中에在ᄒ야
　　　　　　　ᄂ一應犯罪를本

차클렛　　(1908.9.19)　　　　　　[商標法 4]
　　　　용례　第四十類茶、珈琲及「차클렛」類

借換　　　(1908.9.28)　　　　　　[法律 4]
　　　　용례　第七十條本會社ᄂ社債를借換ᄒ기爲ᄒ야
　　　　　　　一時第六十五條

着手   (1900.10.22)   [裁判宣告書 4]

용례   也以卿醫國之術庶期其着手成春而豈可以
不着爲高哉然而愼

贊助   (1905.11.11)   [司法 4]

용례   訴訟當事者雙方의協議를受ᄒ야此를贊助
ᄒ거나

債務   (1896.1.21)   [稅關 4]

용례   元外에舊來債務ᄂᆫ只是三項뿐餘存홈

~秒   (1908.9.28)   [明時法 4]

용례   北緯三八度四五分四九秒

撮影   (1908.9.28)   [商法 4]

용례   六出版、印刷又ᄂᆫ撮影에關ᄒ行爲

催告   (1909.10.4)   [法律 4]

용례   法의規定을從ᄒ야公示催告의提申을홈을
得홈

追越   (1909.10.3)   [法律 4]

용례   第十條他船에追越코ᄌᄒᄂᆫ船舶은他船에
向ᄒ야船尾로붓

出訴   (1909.10.31)   [商標法施行細則 4]

용례   法律第三十六號帝室債務出訴件廢第四千
五百(1909.十

趣意   (1908.7.17)   [法律 4]

용례   前項의期間內에趣意書의提出이無ᄒ時ᄂᆫ
上告ᄂᆫ此을取下

取引   (1909.7.27)   [商法 4]

용례   平常取引ᄒᄂᆫ諸會社銀行又ᄂᆫ商人을爲ᄒ

야手形金의收捧

置時計	(1909.11.20)	[意匠法 4]

용례 　袂時計、置時計、掛時計、鎖、附添品等

寢臺	(1909.10.4)	[意匠法施行細則 4]

용례 　棚、簞司、机、椅子、卓子、寢臺、額、屛
　　　風、衝立、暖爐、火爐、花

袂時計	(1909.10.4)	[意匠法施行細則 4]

용례 　袂時計、置時計、掛時計、鎖、附添品等

破産	(1909.4.3)	[法律 4]

용례 　第十條郵票額及收入印紙ᄂᆞᆫ破産又ᄂᆞᆫ家資
　　　分散의宣告를受

判決	(1900.10.1)	[法律 4]

용례 　第五條本法律은頒布以前에係ᄒᆞᆫ罪犯으로
　　　셔判決을已經ᄒᆞᆫ

判定	(1894.8.19)	[法律 4]

용례 　判定ᄒᆞᆫ时ᄂᆞᆫ本属长官에对ᄒᆞ야处分要求书
　　　를发ᄒᆞᆷ이可ᄒᆞᆷ

便乘	(1905.12.21)	[法律 4]

용례 　케ᄒᆞ되其官吏에게ᄂᆞᆫ便乘或常乘車券을交
　　　付ᄒᆞᆯ事

平民	(1895.11.15)	[裁判宣告書 4]

용례 　從可推得이며被告ᄒᆞᆫ全佑基와盧興奎ᄂᆞᆫ楊
　　　州平民으로服藥借

庖丁	(1909.11.20)	[商標法 4]

용례 　鎌、鋸、鑿、錐、鏨、斧、鉞、小刀、剃
　　　刀、庖丁、鉋、鑪、針、釘、鳶嘴

表情   (1905.9.5)   [司法 4]

용례   獻誠故以三百元若干表情于該課長主事及
權任書記等以下各

푸리다냐메쓸   (1908.9.19)   [商標法 4]

용례   金「닛계루」銀及「푸리다냐메쓸」도此에
屬홈

風化   (1896.10.16)   [法律 4]

용례   乖常과風化有關홈

被告   (1895.5.1)   [法律 4]

용례   被告는原告訴求에應ᄒ야債錢을辦償ᄒ미
可홈原告訴求에應ᄒ만ᄒ理由가無홈

下手   (1900.10.1)   [法律 4]

용례   手의輕重을認定치못ᄒ境遇에는先下手者
를首犯으로論홈

学会   (1894.8.19)   [司法 4]

용례   学会评议员名色이有ᄒ오나乃是教育社会
则与营业会社와政

限界   (1902.9.11)   [司法 4]

용례   路爲界東則平野潤遠初無限界而今此金用
建父塚已掘處在

海難   (1909.7.3)   [法律 4]

용례   第十二條第十條의船舶이海難에依ᄒ境遇
外에他海港에寄

解答   (1908.9.7)   [著作權法 4]

용례   第三十二條練習用을爲ᄒ야著作ᄒ問題의
解答書를發行ᄒ

現實　　　　(1909.10.4)　　　　　[特許法施行細則 4]

용례　且同盟國中의一國版圖內에住所又ᄂᆞᆫ現實
ᄒ고眞誠ᄒᆞᆫ

現行　　　　(1905.4.26)　　　　　[法律 4]

용례　現行法制抽籤面講

刑律　　　　(1905.5.3)　　　　　[法律 4]

용례　一等文刑律名例第四條處笞一百懲役十五
年之意로法部大臣

紅茶　　　　(1908.9.7)　　　　　[意匠法施行細則 4]

용례　杯臺、紅茶具、珈琲具、匙、箸、箸箱、
重箱

化粧　　　　(1909.10.4)　　　　　[商標法 4]

용례　香水、香油、白粉、髮膏、香袋、線香、炷
香、化粧下等

化粧品　　　(1909.10.4)　　　　　[商標法 4]

용례　第三類香料、燻料及他類에不屬ᄒᆞᆫ化粧品

後見人　　　(1908.9.28)　　　　　[非訟事件手續法 4]

용례　四後見人登記簿

후이식기　　(1908.9.19)　　　　　[商標法施行細則 4]

용례　葡萄酒、麥酒「샥란데」「벨못도」「후이식기」
「리귤」

샥란데　　　(1908.9.19)　　　　　[商標法 4]

용례　葡萄酒、麥酒「샥란데」「벨못도」「후이식기」
「리귤」

샥란쎄　　　(1909.11.20)　　　　　[商標法 4]

용례　葡萄酒、麥酒、「샥란쎄」、「벨못도」、「위

숙이」、味淋、白酒

T幾劑 (1908.9.19) [商標法 4]

용례 規那鹽、莫兒比涅、T幾劑、舍利別、煎
劑、水劑、浸劑

일뉴미늄 (1908.9.19) [商標法施行細則 4]

용례 第八類貴金屬、其摸造物及其製品并彫鏤
品(일뉴미늄」

5. 勅令 및 宮內府布達

大韓帝國官報에 수용된 일본어어휘의 편제별 분류

假納　　　(1909.11.1)　　　　[勅令 5]

용례　科料又는罰金의言告를 한 時는 其金額을 假納케 홈이 可홈若

假住所　　(1909.11.1)　　　　[勅令 5]

용례　第七條假住所에 한 는送達은此를受홈이可 한 人에出會치못

價値　　　(1905.5.29)　　　　[勅令第十六號 5]

용례　第三百七十四條商買나牙僧가物貨의價値를估計 한 거나買

看護婦長　(1905.10.31)　　　[勅令 5]

용례　七看護婦長一人

感覺　　　(1908.4.27)　　　　[勅令 5]

용례　을受 한 면其數量이每年不一 한 야事業實行上不便을感覺 한

感染　　　(1898.1.21)　　　　[勅令 5]

용례　는卽時隔室에移 한 야그消毒을施 한 며病症及感染 한 形狀을

甲板　　　(1899.7.14)　　　　[勅令 5]

용례　第四項甲板層數檣數船身材料

綱領 (1898.10.31)   [勅令 5]

용례 率往會矣會中人民有六條綱領獻議者萬口
齊聲一辭唱可且要

改善 (1896.1.20)   [勅令 5]

용례 치아니미可ㅎ오며各般改善ㅎᄂ事業은須
先根本을培養ㅎ올

個所 (1905.4.22)   [勅令 5]

용례 官의管轄에屬ㅎ고一個所에人員은十五人
以上二十人以內

開港場 (1905.9.12)   [勅令 5]

용례 로韓國沿海及內河를航行ᄒᆷ을得ᄒᆷ但開港
場間航行은本約

開化 (1898.12.10)   [勅令 5]

용례 件審査則所供內丙申春宋啓弘等厭開化願
復古作鬧濟州府時

格別 (1909.9.15)   [告諭 5]

용례 格別注意ᄒᆷ이可ᄒᆯ지온況近日惡疹이漸次
蔓延ㅎ야日日死亡

堅固 (1908.12.31)   [勅令 5]

용례 揮人逐出不使接跡仍入內神門正殿鎖金堅
固不敢

見樣 (1905.6.30)   [勅令 5]

용례 甲見樣

警官 (1896.2.26)   [勅令 5]

용례 百僚가棲遑ㅎ고士卒이露處ㅎ고警官이奔
走ㅎ

經理部　　　　(1904.9.27)　　　　　[勅令 5]

용례　第十七條將校相當官丼衛生部經理部軍樂
　　　　部下士及諸工長

經費　　　　(1905.2.19)　　　　　[勅令 5]

용례　第四章公使館領事館經費

経験　　　　(1909.12.28)　　　　　[勅令 5]

용례　第八条監査員은職見과経験이有흔者로選
　　　　定ᄒ야一切事務

計劃　　　　(1896.1.20)　　　　　[勅令 5]

용례　奏豫算의計劃은施政ᄒᄂᆞᆫ方針에基치아니
　　　　치못ᄒᆯ者오니方今

膀　　　　(1906.2.28)　　　　　[部令 5]

용례　第七條膀의地質은深黑紺羅紗니左右側面
　　　　에金線을付ᄒ

고구라　　　　(1906.5.25)　　　　　[勅令 5]

용례　第四十五條고구라衣膀ᄂᆞᆫ兵卒이平常屯營
　　　　內에在흔時及體

高級　　　　(1896.7.16)　　　　　[勅令 5]

용례　徒優等人과師範學校高級學徒로選充흠이
　　　　可흠

高等科　　　　(1895.7.24)　　　　　[勅令 5]

용례　高等科에ᄂᆞᆫ讀書ᄂᆞᆫ漢字敎文을授ᄒ고作文
　　　　은漢字交文과日用書類ᄅᆞᆯ授흠이可흠

高等女學校　　(1909.7.9)　　　　　[勅令 5]

용례　第九號高等女學校令施行規則을左와如히
　　　　改正흠

雇員　　　(1905.5.29)　　　　　　[勅令 5]
　　　　용례　第四十條吏典이라稱홈은廷吏巡檢雇員及
　　　　　　　各地方書記巡校

穀物　　　(1895.9.7)　　　　　　　[勅令 5]
　　　　용례　第十四條稅務主事가其保管혼錢穀物品을
　　　　　　　消費호거나或見

公立　　　(1905.6.31)　　　　　　[勅令 5]
　　　　용례　學部令第二十九號公立漢城普通學校以官
　　　　　　　立京橋普通學校增設件第三千六百五十五
　　　　　　　號(1907.一月五日

公務　　　(1905.12.21)　　　　　[勅令 5]
　　　　용례　第十八條公務을因호야往復호는軍人或軍
　　　　　　　屬及警察官吏와

公私　　　(1900.8.18)　　　　　　[勅令 5]
　　　　용례　批旨省疏具悉所陳公私引喩甚好卿若擧而
　　　　　　　措之於一方則於爲

公使　　　(1905.8.24)　　　　　　[勅令 5]
　　　　용례　詔曰駐箚美國公使館外參書官禮覃襄助交
　　　　　　　隣賴多敦好特叙勳

公使館　　(1904.10.13)　　　　　[告諭 5]
　　　　용례　第一條外交官領事館公使館書記生及領事
　　　　　　　館書記生의俸給은本令에依홈

空想　　　(1909.7.31)　　　　　　[告諭 5]
　　　　용례　嚴罰에處홀터이니爾後로如斯혼空想에馳
　　　　　　　호야不測혼損害에

公式　　　(1894.8.19)　　　　　　[勅令 5]
　　　　용례　本月十一日号外官报幸行行启御一列■簿

第一公式內

工業科 (1904.8.5) [勅令 5]
　용례　今에農商工學校를新設ᄒ고工業科를爲先
　　　　教授ᄒ터이니

科目 (1905.6.30) [勅令 5]
　용례　科目金額等은總히處理廳에셔記入

官僚 (1894.11.26) [勅令 5]
　용례　一国之安危塽系官僚之貪廉自阴历本年九
　　　　月二十日凡在京

官房課長 (1895.3.29) [勅令 5]
　용례　第四條局長及官房課長은大臣又協辦을對
　　　　ᄒ야主務擔任의責에任홈

觀兵 (1909.7.24) [勅令 5]
　용례　觀兵、演習其他軍務及祭儀禮典宴禮謁見
　　　　等時에陪衛扈從홈

觀兵式 (1896.1.7) [勅令 5]
　용례　來八日下午二點鐘에神武門外의셔觀兵式
　　　　을擧

官報 (1896.3.9) [勅令 5]
　용례　ᄂ不少ᄒ影響을金融에及ᄒ지라홈

関税 (1902.12.31) [勅令 5]
　용례　一国庫金出納과海関税及其他諸般税金收
　　　　俸의一切事務를

礦區 (1895.5.2) [勅令 5]
　용례　第七條礦區의諸務가地方官으로더브러交

涉事件이有ᄒᆞᄂᆞᆫ時에ᄂᆞᆫ礦山局長과技師或
主事가便宜ᄅᆞᆯ

光線   (1901.1.2)   [勅令 5]
용례   光線靑白色

教科   (1906.8.17)   [勅令 5]
용례   九学科ᄂᆞᆫ所定ᄒᆞᆫ教科书에依ᄒᆞ야教授홈이라

教官   (1905.11.8)   [勅令 5]
용례   贈九品從仕郞中學校敎官

交付   (1900.10.1)   [勅令 5]
용례   隨現隨捉ᄒᆞ야陸軍裁判所에交付홈이라

敎習   (1906.7.13)   [勅令 5]
용례   第五條敎習科目은如左홈이라

敎員   (1895.4.15)   [勅令 5]
용례   敎員三人以下判任

教育学   (1894.8.19)   [勅令 5]
용례   七教育学艺에엇ᄒᆞ事项

校正   (1900.12.29)   [勅令 5]
용례   陸軍法律校正時摠裁以下別單

交替   (1905.12.31)   [勅令 5]
용례   第三十一條出納官吏가交替ᄒᆞᆯ時ᄂᆞᆫ其在職
期限間에行ᄒᆞᆯ會

購讀   (1909.12.27)   [勅令 5]
용례   但新히購讀請求ᄒᆞᆯ月에셔端數ᄂᆞᆫ壹部代金
貳錢의比例로

具申   (1905.3.1)   [勅令 5]
용례   第十三條奏判任官의懲戒ᄂᆞᆫ摠裁가議政大

臣에게具申홈이

口座　(1907.4.24)　　　[統監府令 5]

용례　計15000枚250002510025100备考一印纸는
价格手形은种类의有異홀时마다口座를別
홀事

国民　(1906.8.17)　　　[勅令 5]

용례　七歷史事迹의大要를教ᄒ야国民의发达과
文化의由来

國民敎育　(1895.6.10)　　　[勅令 5]

용례　第一條小學校는兒童身體의發達홈에鑒ᄒ
야國民敎育의

国税　(1894.8.19)　　　[勅令 5]

용례　第一条财务监督局은度支部大臣의管理에
属ᄒ야内国税务

國際法　(1905.4.26)　　　[府令 5]

용례　第六條會考科目은左開와如홈이라國際法

軍樂手　(1904.9.27)　　　[勅令 5]

용례　第十九條一等軍樂手의軍樂長補에進級홈
은實役停年最下

軍人　(1895.4.21)　　　[勅令 5]

용례　第一條軍人이左에揭ᄒ는定限年齡에達ᄒ
는時는現役을退ᄒ미可홈

襟　(1909.11.20)　　　[勅令 5]

용례　衣服、袴、帶、襟、肩掛、領卷等

禁錮　(1896.1.27)　　　[勅令 5]

용례　에게科ᄒ는者니營倉에禁錮ᄒ야寢具와副

食品을每週間에

金庫　(1895.4.5)　　　　[勅令 5]
> 용례　第十二條出給命令官이出給命令을債主와
> 其他各人에게交付코져ᄒᆞᄂᆞᆫ時ᄂᆞᆫ미리出給
> 命令書를金庫에送付ᄒᆞᆷ可홈

金具　(1908.6.20)　　　　[勅令 5]
> 용례　兩端에眞鍮金具를附ᄒᆞ야前部

金額　(1905.9.6)　　　　[勅令 5]
> 용례　六物品을保險에付ᄒᆞᆯ境遇에ᄂᆞᆫ保險金額期
> 間及保險者의

紀元　(1897.12.31)　　　　[勅令 5]
> 용례　神武天皇卽位紀元二千五百五七十年

忌中　(1905.6.26)　　　　[勅令 5]
> 용례　로셔傷痍를受ᄒᆞ거나疾病에罹ᄒᆞ거나服忌
> 中에在ᄒᆞᆫ者ᄂᆞᆫ此

寄贈　(1905.12.18)　　　　[勅令 5]
> 용례　三篤志家의寄贈

寄託　(1896.8.10)　　　　[勅令 5]
> 용례　一電報執務人이電報規則에違背ᄒᆞᆷ이無ᄒᆞᆫ
> 電報의寄託을

忌避　(1909.11.1)　　　　[勅令 5]
> 용례　第十二條證人及鑑定人은此를忌避ᄒᆞᆷ을得
> 치못홈

記号　(1902.12.31)　　　　[勅令 5]
> 용례　第五十条電報에用ᄒᆞᄂᆞᆫ諸般記号ᄂᆞᆫ万国電

報通例를依ᄒ야

內勤　(1905.5.29)　　[勅令 5]

용례　第十二條摠巡은內勤外勤이有ᄒ니內勤은
署中에入直ᄒ야

雷管　(1895.5.5)　　[勅令 5]

용례　第一條本令에軍器라稱ᄒᄂ거슨雷管과火
藥을合

短胯　(1906.5.25)　　[勅令 5]

용례　短胯ᄂ如何ᄒ服裝에在ᄒ든지長靴를穿ᄒ
時에

但書　(1895.4.5)　　[勅令 5]

용례　第十六條租稅及其他歲入은會計法第十五
條但書에規定ᄒᄂ者를除ᄒᄂ外에納稅者
或其他納人으로ᄒ야곰

短靴　(1909.7.5)　　[勅令 5]

용례　一編上短靴六百九拾足

代金　(1894.8.22)　　[産業 5]

용례　第五条作业의纯益及固定资本에属ᄒ物件
의卖却代金은总

對立　(1900.8.6)　　[府令 5]

용례　第七條議官이發言ᄒ時ᄂ반다시起座進前
ᄒ야議長게對立

貸付　(1906.3.24)　　[勅令 5]

용례　第十五條農工銀行은第三條의貸付를ᄒ境
遇에在ᄒ야債務

德利　　　(1908.9.19)　　　[勅令 5]
　　　　용례　盤、椀、茶椀、皿、鉢、杯、德利、菓子
　　　　　　　器、鐵瓶、土瓶、茶托

動物園　　(1908.9.1)　　　[布達 5]
　　　　용례　第五條部長은總長의命을承ᄒ야博物舘、
　　　　　　　動物園、植物苑의

東洋　　　(1909.10.28)　　　[勅令 5]
　　　　용례　文明不憚賢勞匪躬自任屹然爲東洋之砥柱
　　　　　　　嘗以平和大局爲主

動員　　　(1905.3.1)　　　[勅令 5]
　　　　용례　三動員及平戰兩時의團隊編制에關ᄒ事項

等級　　　(1900.10.1)　　　[勅令 5]
　　　　용례　第五章等級區別

登記　　　(1908.9.28)　　　[勅令 5]
　　　　용례　에登記權利者又ᄂ登記義務者가多數ᄒᆯ時
　　　　　　　ᄂ申請書에

~料　　　(1895.6.29)　　　[勅令 5]
　　　　용례　第三訓練隊將官兵卒衛生ᄒ次로本部主事
　　　　　　　景台協이藥料ᄅ

哩　　　　(1995.3.28)　　　[勅令 5]
　　　　용례　時又往復路程이十二哩에不滿ᄒᄂ時ᄂ船
　　　　　　　車費ᄅ給치아니홈

馬車鐵道　(1906.7.31)　　　[勅令 5]
　　　　용례　三電氣鐵道及馬車鐵道에關ᄒ事項

賣買　　　(1900.10.1)　　　[勅令 5]
　　　　용례　로論ᄒ고知ᄒ고不擧ᄒ거나軍人이私相賣

買훈者는各히答

買受　　　(1905.12.21)　　　[勅令 5]

용례　及附屬物件을公賣에附ᄒ야使其買受者로
此를竣工케ᄒ는

買入　　　(1905.7.15)　　　[勅令 5]

용례　買入홀時와政府設立에係ᄒ農工業場으로
셔直接으

命令　　　(1895.3.26)　　　[勅令 5]

용례　第七條　轉駐又歸朝의命을受■者又轉官者
에本俸全額或其滯中日費를給호믄其命令
接到日로

拍車　　　(1897.5.18)　　　[勅令 5]

용례　付着ᄒ고或乘馬ᄒ는者는短靴長靴을勿論
ᄒ고반다시拍車

半長靴　　　(1906.5.25)　　　[勅令 5]

용례　一憲兵副尉校及上等兵은刀를佩ᄒ며半長
靴를膀上에穿

拔群　　　(1904.9.27)　　　[布達 5]

용례　拔群ᄒ者에만限홈이라

發達　　　(1905.9.12)　　　[勅令 5]

용례　韓日兩國政府는韓國産業이發達ᄒ고貿易
이增進케홈을爲ᄒ

配當金　　　(1908.6.11)　　　[勅令 5]

용례　支撥未畢配當金

範圍　　　(1900.10.1)　　　[勅令 5]

용례　第八十七條二人以上이共同ᄒ야範圍가同

흔罪를犯흔者를

犯人　　(1905.4.29)　　　　[勅令 5]
　　　용례　犯法者與犯人同罪

法案　　(1895.6.19)　　　　[勅令 5]
　　　용례　야改正ᄒ며又制定ᄒᄂ法案을起草흠

法学　　(1909.12.28)　　　　[議政府令 5]
　　　용례　二儒林乡人中의法学에通晓흔者

變死　　(1905.3.1)　　　　[勅令 5]
　　　용례　六無籍無賴徒及變死傷其他公共安寧에關
　　　　　　흔事項

別表　　(1905.12.31)　　　　[勅令 5]
　　　용례　調製式은處務通則第七條別表를依홈이라

兵隊　　(1895.4.19)　　　　[勅令 5]
　　　용례　其時를乘ᄒ야一面으로ᄂ其部下統衛營兵
　　　　　　隊로大君主陛下와

縫機　　隆熙三年十一月二十日　[布達 5]
　　　용례　제봉기로출현

封筒　　(1908.5.9)　　　　[勅令 5]
　　　용례　二、封筒辭令用紙等에特히印刷에需홈이
　　　　　　有흔時ᄂ別로印

副官　　(1905.4.21)　　　　[勅令 5]
　　　용례　副官正尉一人

副本　　(1894.8.19)　　　　[勅令 5]
　　　용례　金宝篆文书写官弘文馆学士申箕善书出正
　　　　　　副本谨此封

部署　　　　　(1900.8.5)　　　　　　[勅令 5]
　　　　　　　용례　本勿施法部署理大臣閔種黙任免之際苟能
　　　　　　　　　　秉共毋私寧有是也

附屬小學校　　(1895.4.15)　　　　　　[勅令 5]
　　　　　　　용례　第十條敎員은附屬小學校兒童의敎育을
　　　　　　　　　　掌홈

分排　　　　　(1905.9.6)　　　　　　[勅令 5]
　　　　　　　용례　相當흔配當金(分排金)을

分裂　　　　　(1897.1.16)　　　　　　[勅令 5]
　　　　　　　용례　常衣巡檢濃紺絨李花銅釦左右各五個不付
　　　　　　　　　　線襟福一寸二分袖長止腕關節丈自胸骨上
　　　　　　　　　　端以下四寸五分裂兩脅之下端三寸五分
　　　　　　　　　　如圖

分限　　　　　(1909.7.24)　　　　　　[勅令 5]
　　　　　　　용례　된分限을失흘時ᄂ恩給은剝奪홈

不可抗力　　　(1907.7.19)　　　　　　[勅令 5]
　　　　　　　용례　所에抗告홈을得홈若不可抗力의事故가有
　　　　　　　　　　홈으로其期間内

費用　　　　　(1900.10.1)　　　　　　[勅令 5]
　　　　　　　용례　第七十二條徵償ᄒᄂ期限은裁判費用이나
　　　　　　　　　　損害賠償이나贓

比率　　　　　(1909.6.28)　　　　　　[勅令 5]
　　　　　　　용례　作에當흔增減比率을揭載치아니홈

非職　　　　　(1895.4.2)　　　　　　[勅令 5]
　　　　　　　용례　朕이官員非職令을裁可ᄒ야頒布케ᄒ노라

批評　　　(1905.12.31)　　　[勅令 5]
　　　　용례　一規例와格式에不合ᄒ件에對ᄒ批評

事故　　　(1900.10.1)　　　[勅令 5]
　　　　용례　路에셔疾病이나潦水하衆所共知의事故를
　　　　　　因ᄒ야過限된時

士官　　　(1895.5.2)　　　[勅令 5]
　　　　용례　第一條士官養成所ᄂ訓鍊隊의用ᄒᄂ士官
　　　　　　을必要

飼料　　　(1899.1.17)　　　[勅令 5]
　　　　용례　馬飼料二百八十八元

事務　　　(1905.8.2)　　　[勅令 5]
　　　　용례　判任官의俸給은官等如何에不拘ᄒ고事務
　　　　　　에繁閒을計ᄒ야

事務官　　(1895.3.29)　　　[勅令 5]
　　　　용례　第三十一條通商事務官에게ᄂ其官등에應
　　　　　　ᄒ야本令에揭ᄒᄂ領事又副領事에關ᄒᄂ
　　　　　　規程을適用홈

查定　　　(1896.1.21)　　　[勅令 5]
　　　　용례　一看守被服은要求ᄒᄂ딕로查定홈

算術　　　(1894.8.19)　　　[勅令 5]
　　　　용례　算術四則

産婆　　　(1907.3.13)　　　[勅令 5]
　　　　용례　三産婆及看護婦養成

산찌매ㅣ돌　(1909.11.20)　　　[勅令 5]
　　　　용례　用호딕長幅은各曲尺으로三寸三分(十「산

씨매ㅣ돌」)

商法　　　　(1906.2.5)　　　　　[勅令 5]

　　　용례　商法行政法國際公法國際私法

商事　　　　(1905.3.1)　　　　　[勅令 5]

　　　용례　ᄒ本國商事의保護와外國에在留ᄒ本國臣
　　　　　　民에關ᄒ事務를

商業　　　　(1898.8.1)　　　　　[勅令 5]

　　　용례　第十四條商業을營ᄒ야金을貸ᄒ거나或金
　　　　　　錢物品의貸借에

償還　　　　(1900.10.1)　　　　　[勅令 5]

　　　용례　數以上을償還ᄒ者ᄂ本律에三等을減ᄒ고
　　　　　　全數를償還

生産　　　　(1908.9.28)　　　　　[布達 5]

　　　용례　四前号以外의生産品은其原料의購買價格
　　　　　　과生産에要ᄒ

生活　　　　(1906.8.17)　　　　　[勅令 5]

　　　용례　ᄒ며智识과技能은日常生活上에必要ᄒ事
　　　　　　项을选ᄒ야教授

署長　　　　(1905.5.13)　　　　　[勅令 5]

　　　용례　第二條署長은時時로管內에巡視ᄒ야警務
　　　　　　의實行과民情의

膳　　　　(1909.11.20)　　　　　[布達 5]

　　　용례　膳、椀、皿、鉢、杯、菓子器、茶器、珈琲
　　　　　　器、壜、罐等

宣誓　　　　(1909.11.1)　　　　　[勅令 5]

　　　용례　償의言告를ᄒ거ᄂ又ᄂ宣誓를ᄒ게ᄒ을得

치못홈

稅務 (1905.4.13) [勅令 5]
용례 二租税의賦課徵收에關き事項

世辞 (1894.7.11) [勅令 5]
용례 中枢院議長趙秉世辞職扎

消防 (1895.5.1) [勅令 5]
용례 十水火消防에關きと事項

消費 (1905.7.15) [勅令 5]
용례 物品은消耗賣却亡失毀損及生産을爲きい
消費保管轉換其

所在地 (1906.4.26) [勅令 5]
용례 四本店及支店의所在地

小切手 (1909.12.28) [勅令 5]
용례 第一条本条例에手形이라홈은为替手形、
約束手形及小切手

小銃 (1908.5.25) [府令 5]
용례 第二十六條小銃、拳銃의藥莢、挿彈子と
每演習의終末에

小學校 (1895.4.17) [勅令 5]
용례 一小學校及學齡兒童의就學에關きと事項

首班 (1905.3.1) [勅令 5]
용례 第三條議政大臣은各大臣의首班이니行政
各部의統一을保

修身 (1895.6.10) [勅令 5]
용례 第九條小學校高等科의教科目은修身讀書

作文習字算術本

需用　　　　(1905.12.31)　　　　[勅令 5]
　　　용례　第五條各官廳主務官은每年度其所管經費
　　　　　의需用額을算定

手入　　　　(1894.8.22)　　　　[勅令 5]
　　　용례　存과幷检查手入에웃한事项

首將　　　　(1904.9.27)　　　　[勅令 5]
　　　용례　第十六條發軍日에當ㅎ야戰地에臨ㅎ는首
　　　　　將에게는特히

修正　　　　(1898.10.17)　　　　[勅令 5]
　　　용례　右는該員이官報에揭載ㅎ는宣告書謄本修
　　　　　正時에有所脫落ㅎ

受取人　　　(1894.8.22)　　　　[勅令 5]
　　　용례　出付人受取人

手套　　　　(1906.5.25)　　　　[勅令 5]
　　　용례　第四十三條手套는官給ㅎ者는如何ㅎ服裝
　　　　　에在ㅎ든지着用

宿泊　　　　(1906.7.23)　　　　[勅令 5]
　　　용례　日給宿泊料每一夜食卓料

順番　　　　(1908.9.28)　　　　[統監府令 5]
　　　용례　第八條左記各號의境遇에는加入請願登記
　　　　　의順番에依ㅎ지

時代　　　　(1908.8.27)　　　　[勅令 5]
　　　용례　如ㅎ바自今以後는菅理薰陶上에留意ㅎ야
　　　　　年少時代에善

食費　　　(1896.1.21)　　　　[勅令 5]
　　　용례　第七項罪囚食費三千三百四十二元

食卓　　　(1906.7.23)　　　　[勅令 5]
　　　용례　官等汽車及船費車馬費每十里日給宿泊料
　　　　　　每一夜食卓料

新星　　　(1909.12.28)　　　　[勅令 5]
　　　용례　水原四十八灘面汾乡面长安面草长面鴨汀
　　　　　　面梧井面(南阳)五条面(振威)广德面之新兴
　　　　　　浦新星浦佳士面之三岛五洞(牙山)

信用　　　(1908.6.16)　　　　[勅令 5]
　　　용례　若銀行에預入코쟈홀時는其名稱及信用의
　　　　　　有無와契約의事

實業　　　(1905.5.3)　　　　[勅令 5]
　　　용례　食債則犯者誘以信川郡新換浦土沃俗厚可
　　　　　　得實業處渠當買

尋常　　　(1905.4.14)　　　　[勅令 5]
　　　용례　可흔쥴로認定흔件과尋常件은其主務各局을

尋常科　　(1895.6.10)　　　　[勅令 5]
　　　용례　第八條小學校의尋常科敎科目은修身讀書
　　　　　　作文習字算術體操로홈

兒童　　　(1895.6.4)　　　　[勅令 5]
　　　용례　第一條小學校는兒童身體의發達홈에鑒ᄒ
　　　　　　야國民敎育의基

楽隊　　　(1902.12.31)　　　　[勅令 5]
　　　용례　軍楽隊軍服諸具費一千十六元五十錢과本
　　　　　　国人金長喜王習俊

眼科　　　　　(1909.11.30)　　　　[勅令 5]
　　　　　　　용례　韓醫院에內科、外科、眼科、産科、婦人科

額　　　　　　(1909.11.20)　　　　[勅令 5]
　　　　　　　용례　棚、簞司、机、椅子、卓子、寢臺、額、屛
　　　　　　　　　　風、衝立、暖爐、火爐

夜會　　　　　(1895.4.11)　　　　[勅令 5]
　　　　　　　용례　一夜會와其餘公式宴會에臨ㅎᄂ時

約束手形　　　(1905.10.3)　　　　[勅令 5]
　　　　　　　용례　約束手形은商民에셔商品을買收ㅎ고一定
　　　　　　　　　　ᄒ期限後에其價金

樣式　　　　　(1894.8.22)　　　　[勅令 5]
　　　　　　　용례　屬樣式中改

業務　　　　　(1905.9.6)　　　　[勅令 5]
　　　　　　　용례　藏置홈을爲ㅎ야保稅倉庫에關ᄒ業務를營
　　　　　　　　　　홈을得홈이라

旅費　　　　　(1898.7.31)　　　　[勅令 5]
　　　　　　　용례　檢等旅費三百八十七元五十四錢八里와果
　　　　　　　　　　川郡捕賊巡校以下

旅行　　　　　(1906.8.17)　　　　[勅令 5]
　　　　　　　용례　第一条公务를因ㅎ야内国을旅行ㅎᄂ外国
　　　　　　　　　　人은特別契约이

硏究　　　　　(1909.12.28)　　　　[勅令 5]
　　　　　　　용례　第二十条本校本科及研究科学员에게一个
　　　　　　　　　　月金五圜의学费

年金　　　　　(1909.2.9)　　　　[勅令 5]
　　　　　　　용례　第一種耕作(植付根數九百以下된者)一箇年

金五十錢

演習　　　　(1905.3.1)　　　　　[勅令 5]
　　　　　용례　二海軍敎育訓練及演習에關ᄒ 事項

廉恥　　　　(1898.9.16)　　　　　[勅令 5]
　　　　　용례　盖欲其養廉恥也乃狡獪之性譸幻爲習藉公
　　　　　　　營私無所不至興情

領事　　　　(1905.7.13)　　　　　[勅令 5]
　　　　　용례　詔曰日本領事勳四等三增久米吉久駐京城
　　　　　　　克勤交務特陞叙勳

領事館　　　(1895.4.1)　　　　　[勅令 5]
　　　　　용례　第一條外交官領事館公使館書記生及領事
　　　　　　　館書記生의俸給은本令에依홈

領受證　　　(1904.9.30)　　　　　[勅令 5]
　　　　　용례　領受人의領受證印을各其欄內에押捺ᄒ야

營業　　　　(1906.4.26)　　　　　[勅令 5]
　　　　　용례　社員의署名ᄒ 營業認可申請金에定款을添
　　　　　　　付ᄒ야

完納　　　　(1898.8.1)　　　　　[勅令 5]
　　　　　용례　庫에輸入ᄒ며罰金完納ᄒ기前에免職死亡
　　　　　　　等事가有ᄒ者ᄂ

外科　　　　(1909.11.30)　　　　　[勅令 5]
　　　　　용례　韓醫院에內科、外科、眼科、産科、婦人科

外交官　　　(1904.10.11)　　　　　[勅令 5]
　　　　　용례　第一條外交官領事館公使館書記生及領事
　　　　　　　館書記生의俸給은本令에依홈

外国 (1906.8.17) [勅令 5]

용례 理를 教授ᄒ랴면本邦과重要ᆺ系가有ᄒ諸
外国의地理

外国人 (1909.12.28) [勅令 5]

용례 에게私相让与ᄒ거나外国人과干连交通을
擅行ᄒ境遇에ᄂ

外在 (1905.6.26) [勅令 5]

용례 ᄒ外在職滿一年을不踰ᄒ則陞級흠을得지
못흠이라

要点 (1906.7.31) [勅令 5]

용례 第二十五條訴愿書ᄂ其不服흘要点理由要
求及訴愿人의身

容易 (1908.9.28) [勅令 5]

용례 의評大判이有ᄒ며一般의購客도容易히人
蔘의現物에接手흠

運搬 (1895.5.16) [勅令 5]

용례 를設ᄒ야一定■所에運搬ᄒ야燒棄ᄒ며或
埋却케

運送 (1895.5.21) [勅令 5]

용례 ᄂ程道遠近을隨ᄒ야定期運送케흠

元金 (1905.6.26) [勅令 5]

용례 者ᄂ翌日條붓터支撥ᄒ고元金償還時ᄂ其
償還의月ᄉ지月

原案 (1894.8.22) [勅令 5]

용례 依ᄒ와为先施行흘事로内阁会议를经ᄒ읍
고原案을另具ᄒ와

爲替   (1894.8.22)   [勅令 5]

     용례   其所在를 發見ᄒᆞ는時는 速히郵便爲替貯金管理所에通報ᄒᆞᆷ이可

委託   (1905.4.26)   [勅令 5]

     용례   日本國政府의管理에委託ᄒᆞ는必要를因ᄒᆞ야

留學   (1895.8.15)   [勅令 5]

     용례   一留學中은學資金을給ᄒᆞᆷ

流行病   (1904.8.5)   [勅令 5]

     용례   命流行病預防委員

陸軍   (1902.12.31)   [勅令 5]

     용례   第一条陸軍衛生院은陸軍軍隊의医務를掌理ᄒᆞᆷ이라

陸軍武官   (1895.5.2)   [勅令 5]

     용례   第一條陸軍武官의進級은級을遂ᄒᆞ야歷進케ᄌᆞ

陸軍將校   (1895.4.21)   [勅令 5]

     용례   陸軍將校分限令

融通   (1905.6.26)   [勅令 5]

     용례   第一條國庫證券은一時國庫의融通에便用ᄒᆞᆷ을爲ᄒᆞ야發行

隱語   (1896.7.28)   [勅令 5]

     용례   第四十二條電報를書載ᄒᆞ기는普通辭와秘辭隱語를勿論ᄒᆞ

議決   (1905.12.31)   [閣令 5]

     용례   議決定ᄒᆞᆷ이라

義務   (1900.10.1)   [勅令 5]

용례   應償홀義務가有혼人의財産을執收홈을謂
　　　홈이라

理事   (1898.6.22)   [勅令 5]

용례   軍部軍法局員理事洪祐亨

印刷物   (1894.8.19)   [勅令 5]

용례   第六項印紙其他印刷物诸费金二万六千二
　　　百八十八圜

因循   (1900.10.15)   [勅諭 5]

용례   移葬重建仍是莫敬莫重之事不可以經費艱
　　　出因循稽緩特下內

印肉   (1902.12.31)   [勅令 5]

용례   一集信証印帳具黑印肉

人情   (1895.9.7)   [勅令 5]

용례   第十五條人情雜費其他名目에拘치勿ᄒ고
　　　一切正數外租税

印紙   (1905.12.15)   [勅令 5]

용례   第二款印紙收入三萬圜

認知   (1902.11.12)   [勅令 5]

용례   字認知以該隊兵丁永派處所出給學徒等居
　　　接循例成貼入送不

引換   (1901.1.2)   [勅令 5]

용례   와一圜銀貨幣와當五錢과一分菜錢引換과
　　　金을輪納ᄒ야金

日傘   (1895.4.29)   [勅令 5]

용례   四蕉扇은日傘으로代ᄒ■白質靑邊으로홈

~賃　　　(1905.7.25)　　　　　[勅令 5]
　　　용례　運搬費運送賃、作馱費之類

任命　　　(1899.3.28)　　　　　[勅令 5]
　　　용례　第六條學校長은醫學에熟鍊ㅎ人으로任命
　　　　　　ㅎ야一切校務를

立前毛　　(1906.5.25)　　　　　[勅令 5]
　　　용례　第四十六條大禮裝

剩餘　　　(1905.12.31)　　　　　[勅令 5]
　　　용례　第十七條各年度歲計에剩餘가有ㅎ時ᄂ其
　　　　　　翌年度歲入으로

資金　　　(1905.12.31)　　　　　[勅令 5]
　　　용례　資金을貯有ㅎ기不得홈이라

資産　　　(1905.10.3)　　　　　[勅令 5]
　　　용례　身上을調査ㅎ야相當ㅎ資産이有之ㅎ고確
　　　　　　實홈을認ㅎ

作業　　　(1898.8.1)　　　　　[勅令 5]
　　　용례　物及所持貨物과在監人의作業과戒護書信
　　　　　　及接見과行狀及

將校　　　(1905.3.1)　　　　　[勅令 5]
　　　용례　一將校及相當官准士官下士文官의任免進
　　　　　　退와補職命課

長靴　　　(1909.7.3)　　　　　[勅令 5]
　　　용례　一長靴八拾貳足

裁縫　　　(1895.8.15)　　　　　[勅令 5]
　　　용례　裁縫은眼과手를鍊習ㅎ야通常衣服의縫法

과裁法을熟習에홈을要旨로홈

裁判官　(1898.1.19)　　　[勅令 5]
> 용례　第四條裁判官及檢事는時時로裁判所에屬
> 혼監獄을巡視홀事

赤十字　(1909.7.24)　　　[勅令 5]
> 용례　大韓國赤十字社官制及規則廢止件

適用　(1905.5.29)　　　[勅令 5]
> 용례　適用上에疑意가生홀時는各該件一切文案
> 을添付ᄒ야法部

電機　(1899.10.9)　　　[勅令 5]
> 용례　니上官의指揮監督을受ᄒ야電機에所關혼
> 技術에從事홈三十

証券　(1902.12.31)　　　[勅令 5]
> 용례　五諸任金을会計ᄒ며貨幣及諸証券類任実
> 를保護도홀事

丁寧　(1895.4.5)　　　[勅令 5]
> 용례　第十八條徵稅署官吏가租稅及其他歲入의
> 納上을接受ᄒ는時에는其納額에過不足이
> 果無ᄒ는가否ᄒ며其品質品種等이丁寧
> 히合規ᄒ는가否ᄒ믈精査ᄒ야失誤가無ᄒ
> 믈認ᄒ는後에곳領收ᄒ미可홈

整列　(1896.1.27)　　　[勅令 5]
> 용례　分ᄒ는部隊가整列혼압희셔諸官이會同ᄒ
> 며下士가監視ᄒ

頂上　(1905.7.27)　　　[勅令 5]
> 용례　高至頂上五寸各線間隙隨官均圍

定員　　　(1895.5.26)　　　　[勅令 5]

　　　용례　一同職員定員表中經理局欄內에〔監督長
　　　　　或〕의下에〔一

庭園　　　(1905.3.8)　　　　[布達 5]

　　　용례　第四十三條營繕司에左갓치職員을置ᄒ야
　　　　　宮殿離宮庭園

停車場　　(1896.8.6)　　　　[勅令 5]

　　　용례　置ᄒᆯ時ᄂ停車場과載水所의附近區域內에
　　　　　ᄂ該會社執務人

制服　　　(1895.4.29)　　　　[勅令 5]

　　　용례　第一條將校ᄂ身을終토록其官을保有ᄒ고
　　　　　制服을着ᄒ야其官에對ᄒᄂ禮遇ᄅᆯ享ᄒ니
　　　　　此ᄅᆯ將校의分限이라홈

制限　　　(1905.6.31)　　　　[勅令 5]

　　　용례　第十一條前條收入官吏의領收ᄒᆯ現金은左
　　　　　의制限에從ᄒ야

助教　　　(1904.9.13)　　　　[勅令 5]

　　　용례　助教四十人正副校

条例　　　(1902.12.31)　　　　[勅令 5]

　　　용례　営業上에条例와定款과内規의違치못ᄒ게
　　　　　ᄒᆯ事

助手　　　(1905.10.31)　　　　[勅令 5]

　　　용례　五藥局助手三人

措置　　　(1905.5.29)　　　　[勅令 5]

　　　용례　第六百二十八條官物을輸運ᄒᆯ時에領押ᄒ
　　　　　ᄂ人員이措置ᄅᆯ

宗教　　　　　(1894.8.19)　　　　　[布達 5]
　　　　　용례　■宗教出版户籍移民及救恤에웃흔事务를
　　　　　　　　管理ᄒ며警視总

左右　　　　　(1907.3.19)　　　　　[布達 5]
　　　　　용례　抵觸其于交通運輸不容不另究便宜之方門
　　　　　　　　樓左右城堞各八間

株　　　　　　(1900.9.2)　　　　　[勅令 5]
　　　　　용례　亦只是復申前說而其云株守鐵限益不覺愕

週番　　　　　(1898.10.4)　　　　　[勅令 5]
　　　　　용례　右ᄂ本人이週番職務에審愼치못흠은軍規
　　　　　　　　에有違ᄒ미라是以

株式　　　　　(1905.9.6)　　　　　[勅令 5]
　　　　　용례　第三條會社ᄂ株式會社의組織으로흠이라

主人　　　　　(1908.9.28)　　　　　[勅令 5]
　　　　　용례　第三十條支配人은主人을代ᄒ야其營業에
　　　　　　　　關ᄒ一切裁判上

主任　　　　　(1904.9.27)　　　　　[勅令 5]
　　　　　용례　第二條局長課長은主任百務에就ᄒ야各其
　　　　　　　　職權에屬ᄒ事項

株主　　　　　(1905.9.6)　　　　　[勅令 5]
　　　　　용례　第六條社長理事及監事ᄂ株主中으로度支
　　　　　　　　部大臣이此를命

準備　　　　　(1895.4.19)　　　　　[勅令 5]
　　　　　용례　其準備를ᄒ기에被告■曹龍承과

重工業　　　　(1909.2.9)　　　　　[勅令 5]
　　　　　용례　同上重工業傳習所長의項의次에左의一項

을加ᄒ고藥劑官의

證券　(1895.5.2)　　　[勅令 5]
용례　第三條未償還年賦額證券을賣買와讓與와
典當과抵當을任意로ᄒ기를得홈

地方官　(1905.9.12)　　　[勅令 5]
용례　方官或地方官이委任ᄒ 洞長或村長의要求
가有ᄒᄂ時에ᄂ

支障　(1909.12.28)　　　[勅令 5]
용례　ᄂ此를忌避ᄒ거나又此에支障을加ᄒ时ᄂ
三圓以上三十圓

支店　(1905.6.31)　　　[勅令 5]
용례　第二條第一銀行京城支店으로中央金庫로
ᄒ고其他의支店

支出　(1905.6.29)　　　[勅令 5]
용례　四支出簿

職權　(1895.4.21)　　　[勅令 5]
용례　第四條警務使ᄂ■部內警察事務에對ᄒ야
其職權若特別■委任에由ᄒ야法

直接　(1908.9.28)　　　[勅令 5]
용례　電信電話線路의土地使用料、受託의維持
上에直接의原

進級　(1895.5.2)　　　[勅令 5]
용례　第三條進級年限은左와如홈

執達吏　(1909.11.1)　　　[勅令 5]
용례　第三條執達吏에屬ᄒᄂ職務ᄂ統監府裁判

所書記가此를行

執務 (1905.6.26)   [議政府令 5]
　　　　용례　執務者의印을捺ㅎ야此를納人에게交付

集合 (1900.10.1)   [勅令 5]
　　　　용례　二兵卒의潰走或逃亡흠을誘導ㅎ거나集合
　　　　　　흠을妨害케흠

徵收 (1905.7.15)   [勅令 5]
　　　　용례　代金徵收後에支出命令을發흠이可흠이라

次第 (1895.5.21)   [勅令 5]
　　　　용례　科表를據ㅎ야其上位붓터次第로任命흠

參照 (1905.5.29)   [勅令 5]
　　　　용례　例에參照ㅎ야左開와如흠이라

窓掛 (1909.11.20)   [農商務省令 5]
　　　　용례　寢臺、蒲團、枕、蚊帳、座蒲團、屛風、
　　　　　　額、卓被、窓掛、敷物等

責任 (1905.12.31)   [勅令 5]
　　　　용례　은其現金或物品에對ㅎ야一切責任을負ㅎ
　　　　　　고帝室會計審

請求 (1904.9.27)   [勅令 5]
　　　　용례　大臣의게請求ㅎ야此를開ㅎ고且必要를從ㅎ

請願 (1905.10.2)   [勅令 5]
　　　　용례　該員이規避公事ㅎ야肆然請願흠은事體乖
　　　　　　當이기

囑託 (1905.5.29)   [勅令 5]
　　　　용례　屬을爲ㅎ야囑託ㅎ者ᄂᆫ官吏의罪에三等을

減ᄒ고己事

銃砲火藥 (1895.5.1) [勅令 5]

용례 九銃砲火藥刀劍等의管査에關ᄒᄂ事項

追加 (1909.7.12) [勅令 5]

용례 稅關管轄區域中追加件

出廷 (1901.1.2) [勅令 5]

용례 引狀을發ᄒ되招引狀을受ᄒ者가出廷치안 ᄂ時ᄂ拿引狀을

出版物 (1895.4.27) [勅令 5]

용례 三政事及風俗에關ᄒᄂ出版物並集會結社 에關ᄒᄂ事項

就任 (1894.8.19) [勅令 5]

용례 第五條學務委員의任期ᄂ二個年으로ᄒ되 但補缺就任者의

取締役 (1906.3.24) [勅令 5]

용례 務ᄅ執行ᄒ社員取締役에게셔十圜以上五 百圜以下의金額

測量 (1908.9.7) [勅令 5]

용례 第十八類理化學、醫術(測量及敎育用器機 器具眼鏡及筭

測量 (1906.4.13) [勅令 5]

용례 一土地測量에關ᄒ事項

治療 (1905.10.31) [勅令 5]

용례 第一條陸軍衛生院은陸軍軍人의疾病治療 와軍隊의衛生事

輜重兵　　　(1895.5.19)　　　　　[勅令 5]
　　　　　　　용례　別表工兵輜重兵馬兵

親切　　　　(1905.5.3)　　　　　　[勅令 5]
　　　　　　　용례　與死者大福菴住持僧奉典親切也而死者以
　　　　　　　　　　該菴住持傳掌於

親族　　　　(1908.1.11)　　　　　[勅令 5]
　　　　　　　용례　官恩賜金을請求ᄒᄂ境遇에ᄂ前條書類外
　　　　　　　　　　에死者의親族關

態度　　　　(1896.1.27)　　　　　[勅令 5]
　　　　　　　용례　三十軍人의態度ᄅ失ᄒ者

土管　　　　(1909.4.3)　　　　　　[勅令 5]
　　　　　　　용례　一醫學校排水土管及溜排其他新築幷模樣
　　　　　　　　　　替工事

通譯　　　　(1905.10.31)　　　　　[勅令 5]
　　　　　　　용례　九通譯二人

退役　　　　(1895.4.21)　　　　　[勅令 5]
　　　　　　　용례　第三條將校의位置ᄅ分ᄒᄂ事ᄂ左와如홈
　　　　　　　　　　一現役二豫備三後備

特命全權公使　(1904.10.13)　　　　[勅令 5]
　　　　　　　용례　特命全權公使八元

特別　　　　(1905.12.18)　　　　　[勅令 5]
　　　　　　　용례　四本社業務에셔生ᄒᄂ特別收入金

便利　　　　(1896.9.15)　　　　　[勅令 5]
　　　　　　　용례　은萬國의通行ᄒᄂ規例ᄅ依ᄒ야一切人民
　　　　　　　　　　의通信을便利케홈

編成　　　(1905.4.22)　　　　[勅令 5]
　　　　　용례　第一條鎭衛步兵大隊는四個中隊로編成호
　　　　　　　고隊號와位置와

便宜　　　(1900.9.4)　　　　[勅令 5]
　　　　　용례　識無減於前時便宜調養之中亦可以應接事

編制　　　(1901.1.2)　　　　[勅令 5]
　　　　　용례　(1900.敕令第二十六號鎭衛聯隊編制件第一
　　　　　　　位置表中鎭

編集　　　(1896.9.4)　　　　[勅令 5]
　　　　　용례　編集호야上奏케홈

平面圖　　(1909.7.3)　　　　[勅令 5]
　　　　　용례　五校地、校舍의平面圖

平行　　　(1900.12.21)　　　　[勅令 5]
　　　　　용례　長官에게는平行移照호고各地方官에게는
　　　　　　　訓令指令을發홀

包裝　　　(1905.9.6)　　　　[勅令 5]
　　　　　용례　一物品의種類品質數量及其包裝의種類個
　　　　　　　數幷記號

捕捉　　　(1900.10.1)　　　　[勅令 5]
　　　　　용례　一犯罪의所在홀處를的知홀時는捕捉期限
　　　　　　　은途里遠近을

品質　　　(1902.12.31)　　　　[勅令 5]
　　　　　용례　奏陸軍将領尉官服装品質之黒絨必従外国
　　　　　　　貿用者只取一時權

被告人　　(1905.11.11)　　　　[勅令 5]
　　　　　용례　辯護士는民事當事者나刑事被告人의委任

을依ㅎ야

下襟 (1906.5.25) [勅令 5]

용례 第四十四條下襟은如何ㅎ服裝에在ㅎ든지
白襟布를衣襟幅

荷物 (1906.4.14) [勅令 5]

용례 頭以上의牛馬를使用ㅎ야荷物을運搬코ㅈ
홀時는其事由及

下士 (1895.5.2) [勅令 5]

용례 第十三條下士의進級候補는軍部協辦經理
局長醫務局長及獨立團隊長이各其所管을
좇ㅊ決定候補名簿를調製ㅎ미可홈

荷車 (1907.1.1) [勅令 5]

용례 荷車稅

~学 (1894.8.19) [勅令 5]

용례 四医学研究와幷伤病兵에对ㅎ官立病院과
连紧事项

學校 (1898.8.4) [勅令 5]

용례 軍部大臣沈相薰別請議各學校學徒及外國
遊學生中卒業人需

學校長 (1895.4.15) [勅令 5]

용례 學校長一人奏任

学部 (1906.8.17) [勅令 5]

용례 第十条学校长은学员教授上事势에依ㅎ야
는学部大臣의认

學士 (1900.10.7) [布達 5]

용례 胃榮農商工部大臣閔丙奭幷加資金冊文製

述官弘文館學士徐

海里　(1895.10.24)　　[勅令 5]

용례　數가百噸乃至三百噸이오速力은十二海里
乃至十三海里인■

解放　(1905.5.29)　　[勅令 5]

용례　但故意로遷延ᄒ고解放치아니ᄒ者ᄂ禁獄
十個月에處홈이

解任　(1904.9.27)　　[勅令 5]

용례　四滿期解任

現金　(1895.4.1)　　[勅令 5]

용례　第十三條現金先授의出給命令은左開ᄒᄂ
區分에從ᄒ야發ᄒ미可홈

現役　(1895.4.21)　　[勅令 5]

용례　第三條將校의位置를分ᄒᄂ事ᄂ左와如홈
一現役二豫備三後備

現存　(1905.12.16)　　[勅令 5]

용례　日本國政府ᄂ韓國과他國間에現存ᄒᄂ條
約의

現職　(1895.4.11)　　[勅令 5]

용례　第十七條懸章은高等官과副官[高等官衛와
將官以上在ᄒ處所]과週番衛戍巡察ᄒᄂ諸
將校의何許服裝을勿論ᄒ고佩用ᄒ미니其
法은右肩으로左脅에斜掛ᄒᄂ니但高等官
衛副官은特別히將官을隨從ᄒᄂ時나週番
及衛戍巡察은現職에在ᄒ時外에ᄂ懸章을
佩用치아니홈도亦可홈

協議 (1905.9.12) [勅令 5]
용례 라도協議後更히約定흠이有홀事

靴 (1906.5.25) [勅令 5]
용례 第四十六條大禮裝

會計 (1905.10.31) [勅令 5]
용례 六會計一人

會計年度 (1895.4.1) [勅令 5]
용례 第三十條本令第五條에揭ᄒᆞᄂᆞᆫ會計年度初
一個月은開國五百四年年度에在

會社 (1895.4.15) [勅令 5]
용례 대져會社라ᄒᆞᄂᆞᆫ거슨衆力을合ᄒᆞ며資本을
鳩ᄒᆞ야商貨를販ᄒᆞ고民利를重히

候補 (1904.9.27) [勅令 5]
용례 第十四條決定候補名簿ᄂᆞᆫ其調制日로붓터
次年決定候補

訓育 (1898.5.18) [勅令 5]
용례 第八條敎官은敎頭의命을受ᄒᆞ야訓育及學
術科의敎授를擔

休憩所 (1902.2.17) [勅令 5]
용례 支部調査所經費四千四百十元과休憩所陽
室及木柵新建費六

休職 (1904.9.27) [勅令 5]
용례 第五條休職及停職의年月은實役停年에算
入지아니홈이라

6. 閣令

거어쑤스　　(1909.11.20)　　　　[農商務省令 6]

　　　용례　石炭、「거어쑤스」薪、炭、附木、懷爐灰等

檢印　　(1906.1.18)　　　　[閣令 6]

　　　용례　該隊長이나又首座는證憑書에檢印ᄒ야前
　　　項命令에代用홀

揭載　　(1900.10.1)　　　　[閣令 6]

　　　용례　第九條軍人이第四條에揭載ᄒ犯罪를除ᄒ
　　　外에一應刑事와

結核　　(1909.12.27)　　　　[道令 6]

　　　용례　第十七條結核癩病梅毒等의疾患이有ᄒ야
　　　衛生上危險

警察　　(1895.4.23)　　　　[衙門令第一號 6]

　　　용례　七警察官吏의敎習에關ᄒ는事項

과셰루러이도　(1909.11.20)　　　　[農商務省令 6]

　　　용례　甲、角、牙、介類、他類에不屬ᄒ其製品及
　　　其模造品「과셰루러이도」及他類에不屬ᄒ
　　　其製品

課長　　(1895.3.29)　　　　[閣令 6]

　　　용례　第二條各局의課長은局長의命을承ᄒ야課

務를 擔任ᄒ고 課僚를 指揮ᄒ야

官民   (1895.4.7)   [閣令 6]

용례   聖意를 奉承ᄒ야 外面의 官民 同一 衣制를 用
ᄒ아니라 中心愛國ᄂ 性氣가 官民間 區別 업
시를 企望홈

官員   (1900.9.31)   [衙門令 6]

용례   官員 中差出何如謹上

球根   (1909.10.4)   [農商務省令 6]

용례   米、麥、粟、黍、稗、豆、蕈、乾瓢、球
根、麴種「모야시」、베긴무、

勾配   (1909.10.4)   [道令 6]

용례   를 設ᄒ되 適當ᄒ 勾配를 付홀 事

國務大臣   (1895.3.29)   [閣令 6]

용례   第三條 中樞院은 國務大臣 及 各部協辦과만
公務上의 交涉을 有ᄒ고 其他 官署

局長   (1895.3.29)   [閣令 6]

용례   第二條 各局의 課長은 局長의 命을 承ᄒ야 課
務를 擔任ᄒ고 課僚를 指揮ᄒ야

君主   (1897.7.19)   [內務衙門令 6]

용례   大君主陛下게셔 無限寵愛ᄒ시고

規則   (1895.4.8)   [衙門令 6]

용례   朕이 金庫規則을 裁可ᄒ야 頒布케하노라

機密   (1900.10.1)   [閣令 6]

용례   第二百三十六條 軍人이 軍情이나 其他 機密
重事를 人에게 漏

起案   (1905.12.31)   [閣令 6]
            용례 五公文書類起案及接受發送과編纂保存에
                 關혼事項

緊急   (1899.6.7)   [閣令 6]
            용례 但事實이緊急혼時는言辭로뻐報告홈을得
                 ᄒ니此境遇에는

內地   (1905.3.1)   [衙門令 6]
            용례 十二內地有事時에按撫等特別方法에關혼
                 事項

當事者/刑事   (1905.11.11)   [廳令 6]
            용례 辯護士는民事當事者나刑事被告人의委任
                 을依ᄒ야

帶   (1909.11.20)   [衙門令 6]
            용례 衣服、袴、帶、襟、肩掛、領卷等

리본   (1909.11.20)   [農商務省令 6]
            용례 「리본」類、他類에不屬혼刺繡品及各種의
                 紐類

린널   (1908.6.20)   [農商務省令 6]
            용례 取締夏衣는鼠色린널

梅毒   (1909.12.27)   [道令 6]
            용례 第十七條結核癩病梅毒等의疾患이有ᄒ야
                 衛生上危險

名刺   (1909.10.4)   [農商務省令 6]
            용례 紙囊、貨幣囊、名刺囊、烟草囊、烟管、煙
                 管筒、手提鞄等

모니루　　　(1909.11.20)　　　　[農商務省令 6]

　　　용례　金、銀、四分一、紫銅其他金屬의合金、鍍
　　　　　品、「모니루」等

모야시　　　(1909.11.20)　　　　[農商務省令 6]

　　　용례　米、麥、粟、黍、稗、豆、蕈、乾瓢、球
　　　　　根、麴種「모야시」、베긴꾸

武斷　　　(1895.3.18)　　　　[衙門令 6]

　　　용례　此ᄂᆫ一國의武斷元惡이라法에在ᄒ야罔赦
　　　　　오니法務衙門으로ᄒ야곰

貿易　　　(1908.9.28)　　　　[衙門令 6]

　　　용례　을共히開放홈으로써內外貿易의運輸에從
　　　　　事ᄒᄂᆫ各國船舶의

物件　　　(1900.10.1)　　　　[衙門令 6]

　　　용례　第百三條沒收ᄒ應奪홀物件을收入홈이라

物理　　　(1895.7.1)　　　　[部令 6]

　　　용례　物理物理上의緊要ᄒ現象及定律

配達夫　　　(1909.10.4)　　　　[農商務省令 6]

　　　용례　規定을準用호ᄃᆡ此境遇에ᄂᆫ使丁又ᄂᆫ郵便
　　　　　配達夫로써

番號　　　(1905.9.6)　　　　[閣令 6]

　　　용례　第十條任置證券에ᄂᆫ左開事項及番號ᄅᆯ記
　　　　　載홈을要홈이라

報告書　　　(1895.5.29)　　　　[閣令 6]

　　　용례　一報告書ᄂᆫ下官이上官에게報告ᄒᄆᆯ云홈
　　　　　이오質禀書ᄂᆫ下官

普通　　　　　(1900.10.1)　　　　　[閣令 6]
　　용례　가有ᄒ時ᄂ民事刑事ᄅ勿論ᄒ고普通裁判
　　　　　所에告訴홈이라

保護　　　　　(1898.8.1)　　　　　[衙門令 6]
　　용례　第十五條統計人民保護ᄒᄂ事項은行政司
　　　　　法警察과衛生事

秘密　　　　　(1899.4.7)　　　　　[閣令 6]
　　용례　右ᄂ該員이職權에不當ᄒ部中秘密公事ᄅ
　　　　　電話로私相漏洩홈

秘書　　　　　(1902.1.23)　　　　　[閣令 6]
　　용례　秘書院丞李洛應通信司電話課主事李宅圭

秘書課長　　　(1895.3.29)　　　　　[閣令 6]
　　용례　第十四條凡官吏의進退身分에關ᄒᄂ事項
　　　　　及機密事項은秘書課長으로셔곳

思考　　　　　(1909.7.3)　　　　　[閣令 6]
　　용례　고兼ᄒ야生活上必要ᄒ知識을與ᄒ야思考
　　　　　ᄅ精確케홈

사라메　　　　(1909.11.20)　　　　　[農商務省令 6]
　　용례　白砂糖、黑砂糖、「사라메」、氷砂糖、糖
　　　　　蜜、蜂蜜等

師範學校　　　(1895.4.15)　　　　　[勅令 6]
　　용례　第一條漢城師範學校ᄂ敎官을養成ᄒᄂ處
　　　　　로홈

사이다ㅣ　　　(1909.11.20)　　　　　[農商務省令 6]
　　용례　曹達水、密柑水、「라무네」、「사이다ㅣ」等

査證　　　　(1907.1.22)　　　　　[警視廳令 6]
　　　　　　용례　다후스기-」通關所其他旅券의査證을管理
　　　　　　　　ㅎ는事務所

産業　　　　(1905.9.12)　　　　　[衙門令 6]
　　　　　　용례　韓日兩國政府는韓國産業이發達ㅎ고貿易
　　　　　　　　이增進케ㅎ믈爲ㅎ

生命　　　　(1900.10.1)　　　　　[閣令 6]
　　　　　　용례　야人의生命이나財産을侵損ㅎ는者는各히所
　　　　　　　　犯本罪에一等을

生体　　　　(1909.12.27)　　　　　[道令 6]
　　　　　　용례　二等地에在ㅎ야는前各號中繫留所生体檢
　　　　　　　　査所를省略ㅎ믈

石鹼　　　　(1909.11.20)　　　　　[農商務省令 6]
　　　　　　용례　第四類石鹼

宣告　　　　(1909.4.3)　　　　　[閣令 6]
　　　　　　용례　第十條郵票額及收入印紙는破産又는家資
　　　　　　　　分散의宣告를受

煽動　　　　(1900.10.1)　　　　　[內務衙門令 6]
　　　　　　용례　事를變更ㅎ기를謀ㅎ는者는流十五年이며因
　　　　　　　　ㅎ야人心을煽動

誠意　　　　(1895.4.2)　　　　　[閣令 6]
　　　　　　용례　一凡官員되는者는腹心을互啓ㅎ며誠意를
　　　　　　　　相推홀지오秘密히私黨을結ㅎ야互相分立
　　　　　　　　ㅎ는行爲가有ㅎ미可치아니홈

소ㅣ수　　　　(1909.11.20)　　　　　[農商務省令 6]
　　　　　　용례　醬油、「소ㅣ수」及酢類

送達   (1905.6.31)   [閣令 6]

용례   第五條納入告知書의送達을受ᄒᆞ者ᄂ指定 期限內에此에記

送付   (1905.6.31)   [閣令 6]

용례   關係書類ᄅᆞ添ᄒᆞ야翌年十月末日ᄭᅡ지歲出 主管廳에送付ᄒᆞ

送致   (1909.4.20)   [閣令 6]

용례   平人에게對ᄒᆞ야ᄂ事件所管廳의檢事에게 送致홈이可홈

쇼丨배루   (1909.11.20)   [農商務省令 6]

용례   犂、鋤、鍬、稻扱、唐箕、耙、釘拔、鐵 槌、繩墨、鈴廻、「수것부」「쇼丨배루」鶴 嘴等

수것부   (1909.11.20)   [農商務省令 6]

용례   犂、鋤、鍬、稻扱、唐箕、耙、釘拔、鐵 槌、繩墨、鈴廻、「수것부」「쇼丨배루」鶴嘴等

手袋   (1909.11.20)   [農商務省令 6]

용례   衣服、冠、帽子、「카라」、「카후수」、領 飾、襟、襯衣、「袴」下、手袋

手拭   (1909.5.20)   [農商務省令 6]

용례   手拭五百筋

樹脂   (1909.10.4)   [農商務省令 6]

용례   酸類、鹽類、亞爾加里、漂白粉、樹脂、 膠、燐、酒精、倔里設

時計紐   (1909.11.20)   [農商務省令 6]

용례   袱紗、手巾、卓被、「레丨쓰」羽織紐、帶締

紐、時計紐、飾總等

身分 (1895.4.23)　　　[閣令 6]

용례　三官吏의進退及身分에關ᄒᄂ事項

알미뉴음 (1909.11.20)　　　[農商務省令 6]

용례　鉛板、亞鉛、亞鉛板、錫「알미뉴음」、「닛
계루」、水銀

碍子 (1909.10.4)　　　[農商務省令 6]

용례　被覆電線、電氣絶綠用碍子、電氣器械器
具用炭素等

야메달 (1909.11.20)　　　[農商務省令 6]

용례　「부리단이、야메달」及他類에屬치아니ᄒᆯ
其製品과彫鏤品

洋筆軸 (1909.11.20)　　　[農商務省令 6]

용례　筆、墨、洋墨壺、洋筆軸等

豫筭 (1895.4.21)　　　[閣令 6]

용례　喬桐府에監獄署ᄅ設置ᄒᄂ經費八百三十
九元八十二錢豫筭外支出ᄒᄂ件

오부라ㅣ도 (1909.11.20)　　　[農商務省令 6]

용례　綿撒絲、脫脂綿、海綿、「오부라ㅣ도」等

襖扉 (1909.11.20)　　　[農商務省令 6]

용례　障子、襖扉、欄間、欄干、引手、釘隱、
柵等

瓦斯만쏘루 (1909.11.20)　　　[農商務省令 6]

용례　「쌔ㅣ나ㅣ」、「瓦斯만쏘루」、弧光燈用炭
棒、懷中電燈、燭心

要領　　　(1909.1.13)　　　　　[閣令 6]
　　　　　용례　方이許多ᄒ되其要領은只是維新也와戀實
　　　　　也니朕은此四字로

曜日　　　(1905.5.25)　　　　　[閣令 6]
　　　　　용례　十二月二十四日是土曜日也矣身家屬以鐵
　　　　　路往平壤而聞傳言

위숙이　　(1909.11.20)　　　　[農商務省令 6]
　　　　　용례　葡萄酒、麥酒、「쌱란쎄」、「벨못도」、「위
　　　　　숙이」、味淋、白酒

議案　　　(1905.12.31)　　　　[閣令 6]
　　　　　용례　第九條帝室財政會議의議案은出席議員의
　　　　　遇半數로써決ᄒ

이ㅣ스도　(1909.11.20)　　　　[農商務省令 6]
　　　　　용례　「이ㅣ스도、쌔우짜아」、麥粉、葛粉、麵
　　　　　類、湯葉

燐酸　　　(1909.10.4)　　　　　[農商務省令 6]
　　　　　용례　干鰯、鯡粕、油粕、肉粉、骨粉、血粉、
　　　　　糠、燐酸肥料、調合肥

日曜日　　(1894.8.22)　　　　　[閣令 6]
　　　　　용례　第五条官报ᄂ日曜日과庆节及其他休日에
　　　　　ᄂ发行치아니홈

一應　　　(1900.10.1)　　　　　[閣令 6]
　　　　　용례　係官ᄒ財産이나一應軍需物品이나獄囚나
　　　　　文簿ᄅ掌ᄒ者ᄅ

一切　　　(1908.9.28)　　　　　[衙門令 6]
　　　　　용례　産에影響이及ᄒ一切事項을整然且分明히

記載홈을要홈但

一定 (1895.10.11) [內務衙門 6]

용례 到處有異ᄒ니全印度의行政組織은實로錯
雜ᄒ야一定치아니

自主 (1894.8.17) [內務衙門令 6]

용례 獨立自主而推充朝日兩國所享利益爲本

裁縫機 (1909.10.4) [農商務省令 6]

용례 汽罐、汽機、發電機、電動機、變壓器、織
機、紡績機、裁縫機、

電信往 (1905.5.3) [廳令 6]

용례 一電信往復簿

~店 (1905.5.3) [衙門令 6]

용례 外上買得洞內空家使之奠接犯者則留連于
該洞高召史酒店

釘隱 (1909.11.20) [農商務省令 6]

용례 障子、襖扉、欄間、欄干、引手、釘隱、柵
等

調査 (1905.9.12) [閣令 6]

용례 은事實을調査ᄒ야其情이重흔者에對ᄒ야
准單을還納케ᄒ

座蒲團 (1909.11.20) [農商務省令 6]

용례 寢臺、蒲團、枕、蚊帳、座蒲團、屛風、
額、卓被、窓掛、敷物等

注意 (1909.9.15) [閣令 6]

용례 以로古人의修鍊上用工과現世의衛生上注

意흠이果非徒然者

主張　(1908.7.28)　　　　[閣令 6]

용례　四申請者ᄂ該土地或家屋의所有者됨을主張ᄒ니異議가

中心　(1894.8.22)　　　　[閣令 6]

용례　平织은鏑에鈗ᄒ야山形에附ᄒ고其両端에小线을附홈小线六条平织에沿ᄒ야左右로브터交叉ᄒ야圓形으로縫着ᄒ고其长은平织山形에上端브터图形에上端■지五分이오其幅은圆形右中心으로브터左右各二寸이오小线間隙은各一分

地盤　(1909.10.4)　　　　[道令 6]

용례　四繫溜所及內臟取扱室의地盤은屠室을準홀事

指揮　(1900.7.3)　　　　[閣令 6]

용례　第二條種痘司ᄂ內部大臣의管轄로셔衛生局의命令指揮를

直나오시　(1909.11.20)　　　　[農商務省令 6]

용례　濁酒、龜歲、直나오시等

職員　(1895.5.19)　　　　[閣令 6]

용례　第一條漢城府에左開ᄒᄂ職員을置홈

直行　(1902.4.28)　　　　[閣令 6]

용례　가過흔境遇에ᄂ電話所官吏가該機具를直行撤還홈이라

進退　(1895.5.21)　　　　[閣令 6]

용례　奏ᄒ고判任官의進退와奏任官以下의俸給

을定限

執行 (1895.7.17)　　　　[閣令 6]
용례　第一條裁判所에셔執行命令書를出給ㅎㄴ
際에義務者負債ㅎ者

處分 (1900.10.1)　　　　[閣令 6]
용례　官員懲戒處分內規ㄴ左갓티定홈

聽取 (1907.3.12)　　　　[警務廳令 6]
용례　此를聽取ㅎ야親히記錄ㅎ거나或屬員으로
ㅎ야곰記錄케홈

체면도 (1909.11.20)　　　　[農商務省令 6]
용례　漆喰、「체면도」、石膏、士瀝靑、土砂、火
山灰等

出席 (1905.12.31)　　　　[閣令 6]
용례　第九條帝室財政會議의議案은出席議員의
遇半數로써決호

親展 (1905.4.14)　　　　[閣令 6]
용례　第二十條大臣의게達호親展文書ㄴ封皮上
에記號를付ㅎ야

沈默 (1895.4.2)　　　　[閣令 6]
용례　一凡官員이其職務로因ㅎ야意見이잇ㄴ時
ㄴ반다시直其坐에開陳ㅎ미可ㅎ니中心에
異見을挾ㅎ며셔同意를表ㅎ거나沈默에付
ㅎ다가後日에至ㅎ야曰是曰非ㅎ든가又ㄴ
暗地에其事를妨碍ㅎㄴ行爲가有ㅎ미不可事

카라 (1909.11.20)　　　　[農商務省令 6]
용례　衣服、冠、帽子、「카라」、「카후수」、領

飾、襟、襯衣、「袴」下、手袋

| 카후수 | (1909.11.20) | [農商務省令 6] |

용례 衣服、冠、帽子、「카라」、「카후수」、領
飾、襟、襯衣、「袴」下、手袋

| 카쑤 | (1908.9.19) | [農商務省令 6] |

용례 衣服、冠、帽子「칼나」「카쑤」襟飾、襯衣、
袴、掌甲、襪

| 칼나 | (1908.9.19) | [農商務省令 6] |

용례 衣服、冠、帽子「칼나」「카쑤」襟飾、襯衣、
袴、掌甲、襪

| 炭素 | (1909.10.4) | [農商務省令 6] |

용례 被覆電線、電氣絶綠用碍子、電氣器械器
具用炭素等

| 彈丸 | (1904.9.19) | [衙門令 6] |

용례 彈丸制造所

| 討論 | (1905.12.31) | [閣令 6] |

용례 三審査會議時問答討論筆記에關ᄒ 事項

| 通信 | (1905.10.3) | [閣令 6] |

용례 韓國通信事務引繼委員

| 通牒 | (1909.6.28) | [衙門令 6] |

용례 ○自動電話開始統監府通信管理局으로붓
터來ᄒ 通牒을據

| 蝙蝠傘 | (1909.10.4) | [農商務省令 6] |

용례 傘、蝙蝠傘、杖、靴、下駄、草履、雪駄、
鼻緒、瓜掛等

蒲團 (1909.11.20) [廳令 6]

용례 寢臺、蒲團、枕、蚊帳、座蒲團、屛風、
額、卓被、窓掛、敷物等

風呂敷 (1909.11.20) [農商務省令 6]

용례 足袋、「한까지ㅣ후」、手拭、「다오루」、袱
紗、風呂敷等

必要 (1899.9.6) [閣令 6]

용례 야左의預防法을守ᄒ기를必要ᄒ지니但衛
生組合이設홈이

下痢 (1909.8.27) [警視廳令 6]

용례 警視廳令第三號吐瀉病及下痢患者號外
(1909.九

下駄 (1909.10.4) [農商務省令 6]

용례 傘、蝙蝠傘、杖、靴、下駄、草履、雪駄、
鼻緒、瓜掛等

한까지ㅣ후 (1909.11.20) [農商務省令 6]

용례 足袋、「한까지ㅣ후」、手拭、「다오루」、袱
紗、風呂敷等

解體 (1909.10.4) [道令 6]

용례 四屠殺解體料

行商 (1898.8.19) [道令 6]

용례 聚黨行賊殺害行商奪取財物罪橫城郡强盜
罪人李今石李乭

行爲 (1900.10.1) [閣令 6]

용례 一民事ᄂᆞᆫ其行爲가國家의常典이나人民의
通義를幾分間

顯微鏡　　(1909.10.4)　　　　[農商務省令 6]
　　　용례　度量衡器、感光膜、製圖器、體操用器具、
　　　　　　望遠鏡、顯微鏡、

護謨　　(1908.9.7)　　　　[廳令 6]
　　　용례　酸類、鹽類、亞爾加里、漂白粉、護謨、膠
　　　　　　燐、酒精、倔里設

火屋　　(1909.10.4)　　　　[農商務省令 6]
　　　용례　燈臺、手燭、燈籠、洋燈、瓦斯燈、電燈、
　　　　　　燭籠、燈蓋、火屋等

會計法　　(1895.4.1)　　　　[閣令 6]
　　　용례　第六條各部大臣이會計法第二十條後段의
　　　　　　規程에依ᄒ야他官吏에게委任ᄒ

會議　　(1895.3.29)　　　　[閣令 6]
　　　용례　第十一條事項簿에ᄂ會議期日의次序로左
　　　　　　開■事項을登載ᄒ미可홈

懷中電燈　　(1909.11.20)　　　　[閣令 6]
　　　용례　「쌔ㅣ나ㅣ」、「瓦斯만쏘루」、弧光燈用炭
　　　　　　棒、懷中電燈、燭心

會話　　(1897.7.16)　　　　[農商務省令 6]
　　　용례　讀書飜譯書取會話体操總点平均点等級姓
　　　　　　名年齡入學年月

싸이나마이도　(1909.11.20)　　　　[農商務省令 6]
　　　용례　大砲、小銃、獵銃、短銃、火藥、綿火藥、
　　　　　　「싸이나마이도」

쌔다　　(1908.11.7)　　　　[産 業 6]
　　　용례　豚肉쌔다鷄卵

쌔ㅣ나ㅣ　(1909.11.20)　　　[農商務省令 6]
　　용례　「쌔ㅣ나ㅣ」、「瓦斯만쪼루」、弧光燈用炭
　　　　　棒、懷中電燈、燭心

쌔우쨔아　(1909.11.20)　　　[農商務省令 6]
　　용례　「이ㅣ스도、쌔우쨔아」、麥粉、葛粉、麪
　　　　　類、湯葉

쌔이쌕　(1909.11.20)　　　[農商務省令 6]
　　용례　煙管、煙袋、煙管筒、簿荷「쌔이쌕」、懷中
　　　　　物等

쎈　(1909.11.20)　　　[農商務省令 6]
　　용례　「쎈」軸、硯、「인쯔」壺、文鎭、筆筒、筆
　　　　　架、石盤、紙綴具、鉛筆

쏀푸라　(1909.3.16)　　　[産業 6]
　　용례　水原林業事務所는京畿道水原郡에在ㅎ야
　　　　　農林學校

쏏쿠　(1909.11.20)　　　[農商務省令 6]
　　용례　第六十六類圖畵、寫眞「쏏쿠」、書籍、新聞
　　　　　紙、雜誌類

쪄거레도　(1909.11.20)　　　[農商務省令 6]
　　용례　茶、珈琲、「쪄거레도」珈琲入角砂糖類

흔나　(1908.9.15)　　　[産 業 6]
　　용례　二、春蒔大麥

씽　(1909.11.20)　　　[農商務省令 6]
　　용례　被服、手巾、釦鈕及裝身用「씽」類

●●●●●●

7. 部令 또는 宮內府令

加減　　　　　(1900.10.1)　　　　　[外部分課規程 7]
　　　　　용례　第十二章免罪及加減處分

加減乘除　　　(1907.3.19)　　　　　[學部令第二號 7]
　　　　　용례　國漢文日語算術(簡易ᄒ 加減乘除)

看護婦　　　　(1905.10.31)　　　　　[部令 7]
　　　　　용례　七看護婦長一人

感慨　　　　　(1902.12.31)　　　　　[部令 7]
　　　　　용례　下不胜忤簪万万継之而感涕也既見其疏本
　　　　　　　　則詞意感慨援据典

鑑定　　　　　(1894.8.19)　　　　　[部令 7]
　　　　　용례　稅關鑑定官補兼稅關主事稅關監視官補柳
　　　　　　　　彦七

講習　　　　　(1908.9.7)　　　　　[部令 7]
　　　　　용례　第四條講習科에入學을許可ᄒᆯ만ᄒ者ᄂᆞᆫ左
　　　　　　　　의資格이有ᄒ되

槪算　　　　　(1909.12.28)　　　　　[府令 7]
　　　　　용례　第十一条先授金槪算交付의还纳金ᄋᆞ로经
　　　　　　　　费定额에还入을

個人　　　(1905.7.6)　　　　[部令 7]

용례　産이 窘乏흠을 免치못ᄒ니 殊用悶嘆이라個
人의疾病災害을救

改訂　　　(1900.7.2)　　　　[部令 7]

용례　徒가轉居ᄒᄂ時ᄂ斯速히告明改訂흠이라

坑道　　　(1906.8.5)　　　　[部令 7]

용례　一坑道의上下段은分色으로써区书ᄒ事

車馬費　　(1908.9.24)　　　[部令 7]

용례　第八條赴任旅費ᄂ滊車費、船費、及車馬
費에限ᄒ야定額의

据置　　　(1908.9.28)　　　[部令 7]

용례　第十六欵平壤鑛業所据置金七萬九千圜

健康　　　(1895.7.24)　　　[部令 7]

용례　平素에衛生에留意ᄒ야體操를勉ᄒ야健康
에增進흠을

建物　　　(1894.8.22)　　　[勅令 7]

용례　土地建物其他重要ᄒ器具机械로■此에充
ᄒ고运转资本은

檢疫　　　(1895.6.1)　　　　[部令 7]

용례　第一章檢疫及診斷

檢定　　　(1905.3.29)　　　[部令 7]

용례　第十九條度量衡器의定期檢定은實施後每
五個年에行ᄒ事

見本　　　(1894.7.11)　　　[部令 7]

용례　十一時ᄭ지本部經理局에出頭ᄒ야見本幷

入札心得書契約書

| 缺席 | (1898.10.23) | [部令 7] |

용례　今賀儀隔晨領班缺席亦所可念卿其卽起簁
　　　朝以副渴望事遣秘

| 缺損 | (1905.6.30) | [部令 7] |

용례　缺損額

| 經歷書 | (1895.7.24) | [部令 7] |

용례　반다시經歷書를調査所에納ᄒ미可홈

| 警保 | (1906.2.28) | [部令 7] |

용례　警保課

| 輕視 | (1908.8.27) | [學部訓令 7] |

용례　五學童의規律及風儀에對ᄒ야도一般書堂
　　　은此를輕視홈과

| 計算書 | (1905.6.30) | [部令 7] |

용례　何部主管年度開始前現金先授計算書

| 屆出 | (1907.1.22) | [部令 7] |

용례　爲屆出아니치못ᄒ되若取調ᄒ后本人에게
　　　交付ᄒ事가確實

| 故障 | (1906.2.28) | [部令 7] |

용례　第八條病으로不得執務ᄒ지六十日을過ᄒ
　　　者와私事의故障

| 固定 | (1909.12.28) | [部令 7] |

용례　第四条固定资本의维持及修理ᄂ印刷局作
　　　业收入으로支办

| 固定資本 | (1907.3.7) | [部令 7] |

용례　第二條煉瓦制造所의固定資本은金二十萬

九千圜으로運轉

曲線	(1895.8.15)	[部令 7]

용례　尋常科에圖畵를加ᄒᄂᄂ時에ᄂ直線曲線及
其單形으로부터

空氣　(1899.9.11)　　　[部令 7]

용례　部分을拭淨ᄒ고消毒ᄒ後에ᄂ日光이射入
ᄒ고空氣가流通

公設　(1909.10.4)　　　[廳令 7]

용례　四船舶用給水公設特定水栓을依ᄒ야船舶
에供給ᄒ

公訴　(1895.4.5)　　　[法部令 7]

용례　第十七條檢事ᄂ被告事件이有罪홀■ᄒ믈
思ᄒᄂᄂ時에ᄂ公訴의手續을ᄒ미

公示　(1906.4.31)　　　[部令 7]

용례　五會社가公示홈方法

公判　(1896.2.15)　　　[法部令 7]

용례　公判으로確證을據ᄒ야適當ᄒ罰例에處케
ᄒ라金弘集과鄭秉

課程　(1905.5.29)　　　[學部令 7]

용례　第三百六十九條商工人이一應雜稅를應稅
홀者가課程을違

管轄　(1900.7.3)　　　[部令 7]

용례　第二條種痘司ᄂ內部大臣의管轄로셔衛生
局의命令指揮를

光度　(1908.9.7)　　　[部令 7]

용례　第一條第七號中「酸價와」下에「鹼化價와或

光度의檢定과酸

教則 (1895.7.24) [學部令 7]

용례 本年勅令第一百四十五號小學校令第拾條
에依ᄒ야小學校敎則大綱을左갓치定홈

交通 (1905.5.29) [部令 7]

용례 一切査察ᄒ며又公益의妨害와交通의障碍
를十分注

交換 (1905.12.8) [部令 7]

용례 分賣下人은百分之七의割引으로써原賣下
人의

溝渠 (1898.8.1) [部令 7]

용례 一傳染病預防消毒及檢疫事務와道路橋梁
溝渠의掃除及撤

拘留 (1898.11.22) [法部令 7]

용례 也法何以施申飭法部使之依前拘留實合事
宜以當該檢事言之

救助 (1906.7.12) [部令 7]

용례 困難을極ᄒᄂ境遇에ᄂ救助ᄒ며又歸國케
ᄒᄂ義務가有홈

国旗 (1907.4.24) [部令 7]

용례 一几张但金库或国旗金处理邮便官署의税
金领受书

軍籍 (1905.3.1) [部令 7]

용례 五衛生部에人員補充及軍醫以上의軍籍에
關ᄒ事項

權理　　　　(1908.3.31)　　　　[部令 7]
　　　　　용례　三、第三者의權理有無

規律　　　　(1895.8.15)　　　　[部令 7]
　　　　　용례　毅케ᄒ고兼ᄒ야規律을授ᄒᄂ 習慣을養홈
　　　　　　　　을要旨로홈

極端　　　　(1897.6.25)　　　　[部令 7]
　　　　　용례　極端地에至ᄒᄂ沿道에在흔各郵遞司로行
　　　　　　　　ᄒᄂ白小行囊

劇場　　　　(1899.9.1)　　　　[部令 7]
　　　　　용례　第十四條前條事件이有흔境遇에ᄂ地方長
　　　　　　　　官이劇場과賽祭

金屬　　　　(1905.3.29)　　　　[部令 7]
　　　　　용례　直形金屬'象牙'骨'竹'木直尺七尺以下二米
　　　　　　　　突以下

金牌　　　　(1908.9.28)　　　　[部令 7]
　　　　　용례　一等賞金牌

給仕　　　　(1908.9.28)　　　　[部令 7]
　　　　　용례　第二條巡査雇員及看護婦給仕使令職工工
　　　　　　　　夫其他常備人이

期間　　　　(1895.5.2)　　　　[部令 7]
　　　　　용례　巡廻裁判所에對ᄒᄂ訴ᄂ其管轄되ᄂ巡廻
　　　　　　　　裁判開廷이無■時에限ᄒ야上訴期間을經
　　　　　　　　過ᄒ야도此ᄅ行ᄒᄂ事ᄅ得홈然이나此의
　　　　　　　　開廷後十日을經過ᄒ믄得지못홈

機能　　　　(1907.9.21)　　　　[內部令 7]
　　　　　용례　치아니ᄒ고全身에諸機關의機能이健全

ᄒᆞᆫ者

騎兵隊　(1905.12.14)　　　[部令 7]
　　　용례　第三款騎兵隊一萬七千三百九十八圜

記事　(1909.8.16)　　　[部令 7]
　　　용례　導標通稱位置着構造記事

起算　(1900.10.1)　　　[部令 7]
　　　용례　ᄒᆞᆫ日노起算ᄒᆞ야三十日以內로定ᄒᆞ고若히
　　　　　不得己ᄒᆞᆫ牽聯을

氣象學　(1909.4.3)　　　[部令 7]
　　　용례　氣象學

技術　(1902.7.22)　　　[法部令第二號檢事職 7]
　　　용례　技師一人奏任上官의指揮監督을承ᄒᆞ야一
　　　　　切技術을辦理ᄒᆞᆯ

記者　(1898.1.18)　　　[部令 7]
　　　용례　右記者被告李世稙의事件을檢事公訴에由
　　　　　ᄒᆞ야此ᄅᆞᆯ審理ᄒᆞ니

氣質　(1905.8.1)　　　[部令 7]
　　　용례　第四條病症이沉篤ᄒᆞ야動作을不能ᄒᆞᄂᆞᆫ者
　　　　　와小兒의氣質이

內科　(1909.11.30)　　　[部令 7]
　　　용례　韓醫院에內科、外科、眼科、産科、婦人科

內譯　(1905.6.30)　　　[部令 7]
　　　용례　內譯金額

論旨　(1902.12.15)　　　[內部令 7]
　　　용례　論旨若茲臣等之罪犯極大誅殛尙遲宋憲斌
　　　　　之疏又出而臣等皆

漏泄 (1902.12.31)　　　[內部令 7]

용례　尹世鏶漏泄本国事情罪古今島流■年

漏洩 (1894.12.10)　　　[內部令 7]

용례　七職務上의機密을漏洩ᄒᄂᆫ者

單語 (1895.8.15)　　　[部令 7]

용례　讀書와作文을授ᄒᄂᆫ時에ᄂᆫ單語短句短文
　　　等을書取케ᄒ고

當時 (1900.10.1)　　　[部令 7]

용례　ᄂᆫ本色으로追ᄒ고現無ᄒᆫ者ᄂᆫ犯處當時의
　　　中等物價로估計

當座 (1908.6.11)　　　[部令 7]

용례　當座預金

大理石 (1908.9.7)　　　[學部令 7]

용례　版石、大理石、砥石、石器等

代理人 (1905.6.29)　　　[部令 7]

용례　債主又ᄂᆫ其代理人의姓名支撥ᄒ미可ᄒ

大麥 (1909.7.21)　　　[部令 7]

용례　大麥二千三百六十斗

貸方 (1906.4.31)　　　[部令 7]

용례　借方摘要貸方損失處在地某銀行(印)

大切 (1905.6.12)　　　[部令 7]

용례　現金을領受ᄒ기能치못ᄒᄂᆫ故로가장大切
　　　히ᄒ미可홈

對照 (1905.6.30)　　　[部令 7]

용례　右金額을此出給命令附屬의金額姓名表에
　　　對照ᄒ야出給ᄒ

貸借   (1909.10.11)   [内部令 7]

용례   고抵當權取得稅と金錢貸借其他原因에因
ㅎ야土地、家屋

盜難   (1905.12.31)   [部令 7]

용례   第二十二條前條官員이水火盜難이나其他
事故를因ㅎ야其

도록구   (1908.4.28)   [部令 7]

용례   馬車軌道에と手推「도록구」又と瀨關車로

到底   (1906.1.16)   [部令 7]

용례   一流民之仳離遷徙者觀察與地方官到底
賙恤

獨立   (1898.11.14)   [部令 7]

용례   忠淸北道忠州郡前獨立協會評議員

讀方   (1895.7.24)   [部令 7]

용례   方法에依ㅎ고몬져普通의言語와日常須知
의文字文句文法의讀方과意義를知케ㅎ고

同伴   (1894.8.22)   [法部令 7]

용례   皇太子殿下와同伴ㅎ샤泥峴长洞铜峴四街
广桥钟路

了解   (1909.7.9)   [學部令 7]

용례   語と普通日語를了解ㅎ며且使用ㅎと能力
을得케ㅎ야處世上必要호知識의增進홈에
資ㅎ고兼ㅎ야

幕僚   (1895.8.10)   [軍部令 7]

용례   의계と幕僚가ㅎ고若同任間에도的見이有
호者と互相立証

~枚 (1894.8.22) [部令 7]

용례 至有頉报ᄒ고豆满江旅券中五十钱直一枚
에ᄂᆞᆫ一圜으로一

每年 (1904.8.3) [部令 7]

용례 第一條入學은每年春秋期로許入홀事

枚数 (1907.3.19) [部令 7]

용례 开市年月日、既贴印纸의额面金额合计、
既贴印纸의枚数

賣場 (1909.2.9) [部令 7]

용례 者ᄂᆞᆫ免許申請書와共히耕作場又ᄂᆞᆫ販賣場
의位置及植付烟

名簿 (1904.9.27) [部令 7]

용례 第十四條決定候補名簿ᄂᆞᆫ其調制日로붓터
次年決定候補

明細書 (1905.7.15) [部令 7]

용례 事項의細密ᄒᆞᆫ設計明細書와落成期限과授
受期限과

模型 (1895.8.15) [部令 7]

용례 理科ᄅᆞᆯ授ᄒ■實地의觀察에基ᄒ고或標本
模型圖畵等을示

文具 (1904.8.5) [部令 7]

용례 文具費每郡每朔二元

文法 (1906.12.13) [部令 7]

용례 项次에「三外国语学及文法에通晓ᄒᆞᆫ者四法
部及各裁判所의

文藝　　　(1899.7.31)　　　　[部令 7]
　　　용례　龍川郡守柳鳳根端雅之資로兼之文藝ᄒ니
　　　　　　推以爲政에民得其

蚊帳　　　(1909.11.20)　　　　[部令 7]
　　　용례　寢臺、蒲團、枕、蚊帳、座蒲團、屛風、
　　　　　　額、卓被、窓掛、敷物等

美感　　　(1906.8.17)　　　　[部令 7]
　　　용례　十二唱歌平易ᄒ歌曲을唱케ᄒ야美感을养
　　　　　　ᄒ고德性의

美濃紙　　(1908.7.24)　　　　[部令 7]
　　　용례　樣式(用紙美濃紙)

民法　　　(1909.6.28)　　　　[法部分 7]
　　　용례　仝十四日(自午前十時民法(自午後一時民事
　　　　　　訴訟法

民事　　　(1895.5.21)　　　　[法部令 7]
　　　용례　三民事刑事를間치勿ᄒ고法律法例適用上
　　　　　　에因ᄒ야疑議가生ᄒᆯ時

發起人　　(1906.4.26)　　　　[軍部令 7]
　　　용례　第三條株式會社의發起人은前條를依ᄒ야
　　　　　　發起認可를受ᄒ

發音　　　(1895.8.15)　　　　[部令 7]
　　　용례　外國語를授ᄒᆷ■항샹其發音과文法에注意
　　　　　　ᄒ고正確ᄒ國語

排泄　　　(1899.9.1)　　　　[部令 7]
　　　용례　第八條虎列剌病者의排泄物과及汚穢物은
　　　　　　其運搬夫을設ᄒ

百分比　　　(1909.7.3)　　　　　　[學部令 7]
　　　　　용례　學級學年敎授入學退學月終在籍學徒數皆
　　　　　　　　出席在籍學出席學出席百分比

白人　　　　(1896.7.16)　　　　　　[學部令 7]
　　　　　용례　로優等及第를取홈如白人則取十人八十人
　　　　　　　　則取八人

伯爵　　　　(1906.6.27)　　　　　　[學部令 7]
　　　　　용례　伯爵野津道貫海軍大將子爵伊東祐亨海軍
　　　　　　　　大將

犯罪　　　　(1895.2.12)　　　　　　[法部令 7]
　　　　　용례　奉旨依允又奏前後에犯罪ᄒ온守令과鎭將
　　　　　　　　이囚에就ᄒ지아니ᄒ오미

別記　　　　(1907.3.9)　　　　　　 [部令 7]
　　　　　용례　接受簿의樣式은別記第一號樣式에依홈

補助金　　　(1906.3.24)　　　　　　[學部令 7]
　　　　　용례　三政府로셔補助金又ᄂ特允保證을與ᄒᄂ
　　　　　　　　團體其他諸營

保險　　　　(1905.9.6)　　　　　　 [部令 7]
　　　　　용례　六物品을保險에付홀境遇에ᄂ保險金額期
　　　　　　　　間及保險者의

保險料　　　(1905.12.22)　　　　　 [部令 7]
　　　　　용례　第六運賃保險料及海關稅

本店　　　　(1906.4.26)　　　　　　[部令 7]
　　　　　용례　本店及支店의所在地

附箋　　　　(1907.3.9)　　　　　　 [法部令 7]
　　　　　용례　에書ᄒ고余紙가不足或無ᄒ時ᄂ附箋ᄒ며

其附箋

分數　(1909.7.9)　　　　[部令 7]

용례　筭術은整數、分數、小數、比例、步合筭을
　　教授홈이可ㅎ고

比較　(1905.3.29)　　　　[部令 7]

용례　第七條米突法度量衡은左開比較를依ㅎ야
　　適當흔法으로홀

批准　(1902.12.31)　　　　[部令 7]

용례　게批准을経흔后漢城郵遞総司로送交홈이
　　可홈이라

比重　(1906.5.14)　　　　[部令 7]

용례　五「셰멘도」의比重의一定容量과重量의凝
　　結과時間의紛

司令部　(1905.5.3)　　　　[部令 7]

용례　于北靑日本司令部云而曳到五里許地矣該
　　附近洞民知其賊

思想　(1894.8.19)　　　　[部分 7]

용례　斥홀思想이有ㅎ야永川郡居义兵大将郑龙
　　基를访问흔즉已为

寫眞　(1894.7.11)　　　　[法部令 7]

용례　一建築所寫眞場及셰멘도試驗室新築並同
　　敷地地均工事

死刑　(1905.5.29)　　　　[法部令 7]

용례　第百六條絞刑은一般犯罪의死刑에至흔者
　　에게施用홈이라

散漫　(1899.9.11)　　　[部令 7]

용례　虎列剌患者가有ᄒ汔車의車室에ᄂᆞ吐瀉物
　　　이汎然散漫치못

筭術　(1895.7.24)　　　[部令 7]

용례　第五條筭術은日用計筭에習熟ᄒ게ᄒ고兼
　　　ᄒ야思想을精密케ᄒ고

撒布　(1899.9.11)　　　[部令 7]

용례　右消毒法을撒布ᄒ지니但此消毒法을施行
　　　ᄒ糞池肥料溜等

相当　(1907.7.19)　　　[部令 7]

용례　右为證据ᄒ으로下名은各本国政府에셔相
　　　当ᄒ委任을受ᄒ야

上陸　(1902.12.31)　　　[部令 7]

용례　半熟馬一匹賜給校正堂上陸軍副将李鐘健

常務　(1905.4.14)　　　[部令 7]

용례　輕易ᄒ常務ᄂᆞ代理ᄒ을得ᄒ이라

想像　(1898.11.5)　　　[學部令 7]

용례　抗命焉愈肆凌厲以至詬■朝廷迫逐大臣想
　　　像守闕奉章時事懇

省略　(1896.1.21)　　　[部令 7]

용례　(參考表省略)

生理　(1894.7.11)　　　[部令 7]

용례　一中生理衛生學私立學校高等敎育學員用
　　　全壹冊

生理學　(1909.4.3)　　　[部令 7]

용례　解剖學及生理學

生從　　　　　(1905.6.30)　　　　　[部令 7]

　　용례　第二條生從에게在學中은敎課書를借給ㅎ
　　　　　고必要ㅎ

書類挾　　　　(1905.7.25)　　　　　[部令 7]

　　용례　印朱盒、墨壺、剪板、石盤、書類挾、尺
　　　　　度、錐之類

署名捺印　　　(1905.6.31)　　　　　[部令 7]

　　용례　를領受人에게交付ㅎ고領受人으로該通知
　　　　　書에署名捺印케

鼠色　　　　　(1908.6.20)　　　　　[部令 7]

　　용례　取締夏衣는鼠色린널

誓約　　　　　(1907.3.8)　　　　　[學部令 7]

　　용례　責任을擔ㅎ야卽速償還ㅎ깃기로連署誓約
　　　　　ㅎ야呈出흠

誓約書　　　　(1907.3.7)　　　　　[學部令 7]

　　용례　히償還ㅎ겟습기玆에誓約書를提呈ㅎ옵ᄂ
　　　　　이다

書取　　　　　(1909.7.9)　　　　　[學部 7]

　　용례　日語는讀法、解釋、會話、書取、習字、作
　　　　　文、文法의大要를敎授흠이可흠

石盤　　　　　(1905.7.25)　　　　　[部令 7]

　　용례　硯諸具類印盒、墨壺、剪板、石盤、書類
　　　　　挾、尺度、錐之類

選擧　　　　　(1905.5.29)　　　　　[部令 7]

　　용례　第十七節選擧及委任違犯律

設備 (1905.12.12) [學部訓令 7]
용례 度量衡器販賣特許者ᄂ其修理에要ᄒᆞᆯ一切
設備ᄅᆞᆯ

性病 (1899.9.1) [內部令 7]
용례 五熱性病에罹ᄒᆞ거ᄂ下利ᄅᆞᆯ發ᄒᆞᆯ者ᄂ速히
醫師에治療ᄅᆞᆯ受

細菌 (1899.9.1) [部令 7]
용례 은世人所熟知라抑其本病의病毒은一種細
菌이爲主ᄒᆞ야患者

歲出 (1905.12.22) [度支部令 7]
용례 第七條歲入歲出의豫定計算書ᄂ管理者가
此ᄅᆞᆯ調製ᄒᆞ야

洗濯 (1895.8.15) [學部令 7]
용례 類와衣服保存과洗濯方等을敎示ᄒᆞ고항샹
節約利用의習慣

消毒 (1898.8.1) [部令 7]
용례 一傳染病預防消毒及檢疫事務와道路橋梁
溝渠의掃除及撤

小豆 (1909.9.21) [部令 7]
용례 小豆貳百石

訴訟 (1900.10.1) [法部令 7]
용례 第四十九條上訴라稱ᄒᆞᆷ은下等裁判所에셔
不服ᄒᆞᆯ訴訟을上

消印 (1905.3.29) [部令 7]
용례 合格ᄒᆞ거든消印을附ᄒᆞ고證書ᄂ破毀ᄒᆞᆯ事

掃除　　　(1898.8.1)　　　　　[部令 7]
　　　　　용례　一傳染病預防消毒及檢疫事務와道路橋梁
　　　　　溝渠의掃除及撤

消火栓　　(1909.10.4)　　　　　[部令 7]
　　　　　용례　第十條私設消火栓의使用演習을行코즈홀
　　　　　時는豫先事務所

手當　　　(1895.8.15)　　　　　[部令 7]
　　　　　용례　第二條學資金及旅次手當金은別表의金額
　　　　　內에셔派遣의留

水道　　　(1906.4.26)　　　　　[部令 7]
　　　　　용례　第十條水道工事所에技師技手를分屬ᄒ야
　　　　　所長의指揮를

受付　　　(1905.4.14)　　　　　[部令 7]
　　　　　용례　第十八條前條受付ᄒ文書中에重要ᄒ事項
　　　　　은官房長이協辦

手續　　　(1895.4.5)　　　　　[部令 7]
　　　　　용례　第十七條檢事는被告事件이有罪홀■ᄒ믈
　　　　　思ᄒ는時에는公訴의手續을ᄒ미

手数料　　(1894.8.22)　　　　　[部令 7]
　　　　　용례　(1907.十一月十二日第二预备金支出度支部
　　　　　国库證券利子支拨手数料一、四00000

收支　　　(1905.5.29)　　　　　[部令 7]
　　　　　용례　物의收支홈을不平히ᄒ者는笞一百에處ᄒ
　　　　　고增減ᄒ物을計

手帖　　　(1907.9.21)　　　　　[部令 7]
　　　　　용례　第二條巡査에게는肩章、劍、劍緖、劍帶、

外套、締革、手帖、捕繩

手形　　　(1894.8.22)　　　　[部令 7]
　　　　용례　尹富千偽造手形知情行使

順延　　　(1909.4.3)　　　　[部令 7]
　　　　용례　으로從ㅎ사還御ㅎ심이라(若當日雨天則順
　　　　　　　延홈)

時刻　　　(1908.8.13)　　　　[部令 7]
　　　　용례　午後一時三十分으로홈但時刻票는恒常暴
　　　　　　　風警報信號標의

時間　　　(1900.10.1)　　　　[勅令 7]
　　　　용례　第百七十六條受刑ㅎ招日은時間을勿論ㅎ
　　　　　　　고一日노計算홈

時間表　　(1909.7.3)　　　　[部令 7]
　　　　용례　三職員의名簿、履歷書、出勤簿、擔任學
　　　　　　　科目及時間表

始末書　　(1901.1.2)　　　　[部令 7]
　　　　용례　立會監視ㅎ고錄事로執刑始末書를作케홀事

市民　　　(1898.9.31)　　　　[部令 7]
　　　　용례　名色矣卽伏聞本月二十六日夜有市民七八
　　　　　　　十名聚集于農商工

植付　　　(1909.8.16)　　　　[部令 7]
　　　　용례　所도六月下旬降雨로大部分의植付를了ㅎ
　　　　　　　얏스며最히高處

食事　　　(1908.9.7)　　　　[部令 7]
　　　　용례　官用船舶으로旅行ㅎ는境遇에官에셔食事

룰아니홀時는食

食店   開國五百四年六月十日   [部令 7]
      용례   음식점으로나옴

實印   (1908.9.28)   [部令 7]
      용례   五日(陰曆에至ㅎ기ㅅ지午前에實印을携帶
          ㅎ고武官學

心理   (1906.8.17)   [部令 7]
      용례   教育三教育의原理心理論理의大要三(前半
          年)教育法令及学校管理法三(后半年)实地
          授业

雙方   (1905.11.11)   [部令 7]
      용례   訴訟當事者雙方의協議룰受ㅎ야此룰贊助
          ㅎ거나

安質母尼   (1906.7.28)   [部令 7]
      용례   第一條礦物者는金礦、銀礦、銅礦、鉛礦、
          錫礦、安質母尼礦、水

安質母尼礦   (1906.7.28)   [部令 7]
      용례   第一條礦物者는金礦、銀礦、銅礦、鉛礦、
          錫礦、安質母尼礦

押收   (1909.7.1)   [法部令 7]
      용례   該新聞의發賣頒布룰禁止ㅎ고此룰押收홈

押印   (1909.11.20)   [法部令 7]
      용례   其登錄番號룰記載ㅎ야特許局長이署名押
          印ㅎ고

洋燈   (1908.9.7)   [部令 7]
      용례   燭臺、手燭、行燭、燈籠、洋燈、瓦斯燈、

電燈等

良心　　　(1905.1.21)　　　　[部令 7]
　　　　용례　膚哀此無辜蕩析棲遑失其良心或嘯聚林藪
　　　　　　　或投入左道避苛政

女學生　　(1895.8.15)　　　　[部令 7]
　　　　용례　女學生에授ᄒᆞᆫ體操ᄂᆞᆫ適宜케折衷홈

燃料　　　(1906.6.21)　　　　[部令 7]
　　　　용례　燃料에關ᄒᆞᆫ事務ᄅᆞᆯ掌홈이라

燃燒　　　(1906.5.14)　　　　[部令 7]
　　　　용례　引火点과燃燒点과檢定을愿ᄒᆞᄂᆞᆫ時ᄂᆞᆫ每一
　　　　　　　件에金壹面

烟草　　　(1909.7.5)　　　　　[部令 7]
　　　　용례　烟草耕作免許準牌紛失廣告

鉛筆　　　(1902.12.31)　　　　[部令 7]
　　　　용례　但上項郵遞物에ᄂᆞᆫ出付人及領受人의姓名
　　　　　　　住址ᄅᆞᆯ鉛筆로記

熱性　　　(1899.9.1)　　　　　[內部令 7]
　　　　용례　第一條腸窒扶私와又此의疑似ᄒᆞᆫ熱性患者
　　　　　　　가有ᄒᆞᆫ家에ᄂᆞᆫ左

榮光　　　(1898.5.31)　　　　[內務衙門令 7]
　　　　용례　法國人佩帶五等榮光寶星男爵都蔚陶

令狀　　　(1901.1.2)　　　　　[法部令 7]
　　　　용례　第二十三條陸軍檢察官이招引或拿引의令
　　　　　　　狀을受ᄒᆞᆫ時ᄂᆞᆫ犯

領收證　　(1905.7.15)　　　　[內部令 7]
　　　　용례　第十二條物品의支出은總히領收證을徵홈

이可훔이라

預防　　(1904.8.16)　　　　[部令 7]
　　　용례　命流行病預防委員

豫想　　(1905.12.12)　　　　[部令 7]
　　　용례　三壹個年의販賣豫想額

汚水　　(1899.9.11)　　　　[部令 7]
　　　용례　흔汚水를排除훈後에以水로洗滌훌事

汚染　　(1905.3.29)　　　　[部令 7]
　　　용례　第二十七條汚染磨滅毀損等을因ㅎ야證印
　　　　　　證書를識別ㅎ기

溫泉　　(1894.8.19)　　　　[部令 7]
　　　용례　溫泉里全溫泉里溫泉里郡의內

玩具　　(1899.9.11)　　　　[部令 7]
　　　용례　와藥用器玩具其他居室內에所在ㅎ얏든諸
　　　　　　器具의類와看病

外國語　(1895.8.15)　　　　[部令 7]
　　　용례　第十二條敎科에外國語를加훔은將來生活
　　　　　　上에其智識의緊要를認훔이라

外出　　(1898.8.1)　　　　[部令 7]
　　　용례　食物餉應에怠치勿ㅎ며外出ㅎᄂ時ᄂ去住
　　　　　　處를署中에必告

用意　　(1898.8.22)　　　　[部令 7]
　　　용례　母殺子女而其用意凶慘者並以鬪毆殺律論
　　　　　　大明律人命編鬪

運送賃　(1905.7.25)　　　　[部令 7]
　　　용례　運搬費運送賃、作馱費之類

原告 (1895.5.1) [部令 7]

용례 被告ᄂ原告訴求에應ᄒ야債錢을辦償ᄒ미
可홈原告訴求에應ᄒ만ᄒ理由가無홈

元素 (1895.7.24) [學部令 7]

용례 化學普通化學上의現象緊要ᄒ元素及無機
化合物의性質

委任書 (1895.5.1) [部令 7]

용례 委任書住址職業姓名으로代人이라고定홈
何某에對ᄒ야訴訟에付ᄒ야

有價證券 (1909.7.27) [度支部令 7]

용례 政府가指定ᄒᄂ確實ᄒ有價證券을買收홈
을得홈

有機 (1909.4.3) [農商工部令 7]

용례 有機化學

油分 (1909.10.4) [法部令 7]

용례 産地水分油分織維炭水化物蛋白質灰分

維新 (1900.12.18) [部令 7]

용례 命使舊邦維新樹立萬億年宏大久遠之基卓
越爲劢業垂統之主

幼稚園 (1909.7.3) [學部令 7]

용례 第三十四條高等女學校에幼稚園을附設코
져ᄒ時ᄂ公立에

遊戱 (1909.7.9) [部令 7]

용례 體操ᄂ遊戱、學校體操ᄅ敎授홈이可홈

飮料 (1900.10.1) [部令 7]

용례 第二百九十一條軍人이軍人의飮料에供ᄒ

는水나食品에有

飲用水　　　(1899.9.11)　　　　　[部令 7]
　　　　　　　용례　一船中에飲用水는新鮮ᄒᆞᆫ良水와交換ᄒᆞ고
　　　　　　　　　　十分其貯器를洗

意思　　　　(1898.6.21)　　　　　[部令 7]
　　　　　　　용례　提議ᄒᆞᆯ意思를說明ᄒᆞᆷ이라

意義　　　　(1895.8.15)　　　　　[部令 7]
　　　　　　　용례　文字文句文法의讀方과意義를知케ᄒᆞ고適
　　　　　　　　　　當ᄒᆞᆫ言語와字句

意匠　　　　(1894.8.22)　　　　　[部令 7]
　　　　　　　용례　五商标及意匠에ᄉᆞᆫᄒᆞᆫ事项

理科　　　　(1895.8.9)　　　　　[學部令 7]
　　　　　　　용례　第八條理科는通常의天然物과現像의觀察
　　　　　　　　　　을精密케ᄒᆞ고人

履歷書　　　(1895.7.1)　　　　　[部令 7]
　　　　　　　용례　學業履歷書

裏書　　　　(1905.10.3)　　　　　[部令 7]
　　　　　　　용례　約束手形의裏書(後面保證記名)

利息　　　　(1898.11.5)　　　　　[勅令 7]
　　　　　　　용례　放賣ᄒᆞ야本錢과利息을準數筭淸ᄒᆞᆫ後에餘
　　　　　　　　　　額을收領ᄒᆞᆯ事

理學　　　　(1905.4.26)　　　　　[府令 7]
　　　　　　　용례　第六條會考科目은左開와如ᄒᆞᆷ이라理學

印鑑　　　　(1905.6.31)　　　　　[部令 7]
　　　　　　　용례　第七條金庫에셔支撥上照較에供ᄒᆞᆯ印鑑은

各廳에셔立卽關

人格 (1909.7.3) [部令 7]
용례 五由來敎育의獘로往往히智育에만偏傾ᄒ
고人格修養에ᄂ

人力車 (1906.1.18) [部令 7]
용례 (三)一人力車一座一二00(四)何을爲ᄒ야所
用何處█지往復(二)十年四月一日(一)官某
(六)何誰(五)

人物 (1895.8.15) [部令 7]
용례 ᄒ方法을採ᄒ고人物의言行等에就ᄒ야ᄂ
是를修身에授ᄒ

人夫 (1905.12.22) [部令 7]
용례 第三職工人夫에게給ᄒᄂ諸費

引手 (1909.11.20) [部令 7]
용례 障子、襖扉、欄間、欄干、引手、釘隱、
柵等

認識 (1909.8.16) [部令 7]
용례 行ᄒ者로認識ᄒ고韓國銀行은其銷却義務
를繼承ᄒ者로홈

印朱盒 (1905.7.25) [部令 7]
용례 筆墨印肉類朱墨、繪具之類

一個人 (1897.6.25) [部令 7]
용례 第三十二條郵遞物遞送ᄒᄂ重量은遞傳夫
一個人에게二十

日本語 (1908.3.17) [部令 7]
용례 實務演習日本語漢文數學簿記體操

入院   (1895.6.10)   [部令 7]
용례   第十三條入院ᄒ만ᄒ患者의乳兒等이養育
     或看護ᄒᆯ者가無

入學   (1904.8.3)   [部令 7]
용례   第一條入學은每年春秋期로許入ᄒᆯ事

入學願書   (1895.7.1)   [學部令 7]
용례   第一號書式入學願書

立會   (1895.5.1)   [法部令 7]
용례   日檢事姓名立會宣告

自然現象   (1909.7.3)   [學部令 7]
용례   九物理及化學은自然現象에關ᄒ知識을與
     ᄒ야其法則과

自轉車   (1907.1.1)   [度支部令 7]
용례   地方稅規則六自轉車稅

作業場   (1905.12.22)   [部令 7]
용례   第七作業場用備品消耗品費

作用   (1906.5.14)   [部令 7]
용례   으로定ᄒ고沃度价와酸价와「아루가리」의
     作用과金屬

雜費   (1906.4.26)   [部令 7]
용례   損益計算表

場所   (1905.6.31)   [内部令 7]
용례   第十條金庫의設이無ᄒ場所에셔收入官吏
     가歲入金을領收

在庫   (1905.7.15)   [議政府令 7]
용례   第十三條常用物品은在庫의數와所要의度

를量ᄒ야

財政學 (1906.4.4) [法部令 7]
용례 行政學國際法經濟學財政學外國語

低利 (1908.5.15) [部令 7]
용례 十借換ᄒ기爲ᄒ야低利의債券을發行코져
ᄒ時에ᄂ借換

著作權 (1908.9.28) [部令農工銀 7]
용례 特許、意匠、商標、商號及著作權法令上
全上全

摘要 (1905.6.30) [內部令 7]
용례 摘要

電鈴 (1908.9.28) [統監府令 7]
용례 設電鈴)를左記處所에變更(移轉)코ᄌᄒ오
니(別紙承諾書를

剪板 (1905.7.25) [部令 7]
용례 蠟燭、洋燈心、自起磺、糊粉、飛陋、石炭
酸、石灰之類

絶對的 (1909.10.4) [部令 7]
용례 開閉홈을不得홈其他給水用具ᄂ絶對的此
에觸홈을不得홈

切手 (1908.6.11) [部令 7]
용례 切手及手形

粘土 (1906.5.14) [部令 7]
용례 粘土와耐火練化石의耐火度와吸水量과收
縮度의檢定

整數 (1909.7.9) [學部令 7]
용례 筭術은整數、分數、小數、比例、步合筭을
敎授홈이可ᄒ고

証書 (1905.6.30) [法部令 7]
용례 指定ᄒᆞᆫ金庫又ᄂ收入官吏에게納付ᄒ고領
收証書ᄅᆞᆯ受ᄒ미可

定性 (1906.5.14) [部令 7]
용례 一一成分의定性分析은金壹圓으로定ᄒ되
一定性을增ᄒ

精神 (1905.5.29) [部令 7]
용례 四藥으로人의精神을昏迷케ᄒᆞᆫ者

精神病 (1895.8.8) [部令 7]
용례 五精神이完全ᄒᆞᆫ者ᄂ卽精神病神經病■憂
癲狂及無踏及

情操 (1909.7.3) [學部令 7]
용례 一修身은道德上의思想及情操ᄅᆞᆯ養成ᄒ며
着實穩健ᄒ야

停止 (1900.8.7) [學部令 7]
용례 奏下矣日昨需澤庶可周洽蔚滿三農民事萬
幸雩祭仍爲停止

政治 (1895.2.2) [部令 7]
용례 國家의政治制度를修述홈히亦惟臣民이니

政治學 (1905.4.26) [府令 7]
용례 第六條會考科目은左開와如홈이라

製本 (1905.7.25) [部令 7]
용례 製本費圖書、帳簿裝績之類

早起   (1898.1.10)   [內部令 7]
             용례   第二條在監囚人은每朝早起ᄒ야各監房을
                  淨潔히掃除ᄒ後

操練   (1906.7.13)   [部令 7]
             용례   二操練

調整   (1901.1.2)   [府令 7]
             용례   姓名等을帳簿에登記ᄒ고審判의預備를調
                  整홀事

組合   (1906.4.4)   [部令 7]
             용례   第五條組合의費用은土地의面積及等級에
                  應ᄒ야組合員이

組合員   (1905.10.3)   [部令 7]
             용례   組合員의加名除名其他商務以外의事項은
                  總히

組合長   (1905.10.3)   [部令 7]
             용례   第八條組合長及評議員은組合中의選擧를
                  依ᄒ야

足袋   (1909.11.20)   [部令 7]
             용례   足袋、「한싸지ㅣ후」、手拭、「다오루」、袱
                  紗、風呂敷等

卒業   (1897.7.10)   [勅令 7]
             용례   內部衛生局允許種痘醫養成所醫生卒業試
                  驗榜

株券   (1906.5.7)   [部令 7]
             용례   中아니홀時ᄂ從前에(에)字ᄂ(의)字로第二
                  十條第二項株券

注文　　　(1906.1.18)　　　　[部令 7]
　　　용례　用흠이라故도需用原簿又注文原簿에記載
　　　　　흐기可흔性質의物은不可記入

住所　　　(1905.9.12)　　　　[部令 7]
　　　용례　國領事官을經흐야船舶所有者의氏名及住
　　　　　所船舶의名稱種

走者　　　(1896.12.19)　　　　[部令 7]
　　　용례　法部走者金義濟

証人訊問　(1895.4.5)　　　　　[內部令 7]
　　　용례　第十一條檢事논犯罪에關흐논証據를集收
　　　　　흐야証人訊問흠믈得흠

至急　　　(1905.12.21)　　　　[部令 7]
　　　용례　平時라도至急히軍隊를派送홀時에논當該
　　　　　官廳의命을從흐

地方　　　(1900.10.1)　　　　[部令 7]
　　　용례　第二百十九條司令官이所管地方이나隣近
　　　　　地方에警報를接

脂肪　　　(1906.5.14)　　　　[部令 7]
　　　용례　七脂肪과■과油類의比重과粘度와凝点과
　　　　　融点과沸点과

支配　　　(1909.10.4)　　　　[部令 7]
　　　용례　支配チ置キタル場所韓國銀行元山支店

支配人　　(1905.6.26)　　　　[勅令 7]
　　　용례　第三條京城支店支配人으로써金庫出納役
　　　　　이라흐고

支部   (1900.8.7)   [勅令 7]

     용례   署理議政府贊政度支部大臣趙秉式自劾疏

持分   (1909.10.4)   [勅令 7]

     용례   其持分의定홈이有홀時ㄴ申請書에其持分
            을記載홈이可홈

支拂   (1895.8.9)   [勅令 7]

     용례   가支拂ㅎㄴ者라홈法國公使새라알씨ㄴ淸
            法新條約의訂結를

持參   (1909.10.4)   [部令 7]

     용례   第七條正貨及日本銀行兌換券을持參ㅎ야
            銀行券과相換홈

直線   (1909.3.19)   [學部令 7]

     용례   影島陸楊地에建設혼二箇의陸標로써指示
            혼直線의左右

診斷   (1895.6.2)   [部令 7]

     용례   第一章檢疫及診斷

振出   (1906.2.28)   [部令 7]

     용례   保證人이被保證人의姓名을記載아니홀時
            ㄴ其保證은振出人을爲

借方   (1906.12.29)   [部令 7]

     용례   ■朝仰借方寸之地冀蒙曲遂之恩而迩臣

借入   (1894.8.22)   [部令 7]

     용례   第二款借入金金五百二十五万九千五百八
            十圓

搾取   (1909.10.4)   [部令 7]

     용례   禽商、牛乳搾取所、理髮店其他此에類似

혼者但多量의

唱歌　　　(1906.8.17)　　　　[部令 7]
　　　용례　時宜에依ᄒᆞ야唱歌와手工과农业과商业中
　　　　　　에一科目或几科

創立　　　(1906.4.26)　　　　[部令 7]
　　　용례　第十條創立總會에셔ᄂᆞᆫ理事及監事를選任
　　　　　　홈을要홈이라

採光　　　(1908.8.27)　　　　[學部訓令 7]
　　　용례　혼室內에多數ᄒᆞᆫ學童을雜居케ᄒᆞ야採光換
　　　　　　氣와其他衛生

債券　　　(1906.3.24)　　　　[法部令 7]
　　　용례　第十三條銀行이債券을發行ᄒᆞ고져홀時에
　　　　　　ᄂᆞᆫ度支部大臣의

彩色　　　(1906.8.17)　　　　[部令 7]
　　　용례　ᄒᆞ고时或自家의意匠으로쎠书케ᄒᆞ고便宜
　　　　　　로彩色

天然痘　　(1898.4.21)　　　　[部令 7]
　　　용례　第一條小兒天然痘의夭禍를預防ᄒᆞ기爲ᄒᆞ
　　　　　　야種痘所를臨時

綴法　　　(1909.7.9)　　　　　[部令 7]
　　　용례　日語五會話、口語文의讀法、書法、五同
　　　　　　上綴法

凸凹　　　(1906.2.28)　　　　[部令 7]
　　　용례　兩條凸凹紋이오奏任官은單條凸凹紋이니

添附　　　(1900.10.1)　　　　[部令 7]
　　　용례　에疑議가生홀時ᄂᆞᆫ各該件의一切文案을添

附ᄒ야元帥府

請負　　　　(1894.8.19)　　　　　[部令 7]
　　용례　右ᄅᆞᆯ入札ᄒᆞᆷ請負希望者ᄂᆞᆫ本所에來ᄒᆞ야入
　　　　札心得書契約書案

廳舍　　　　(1909.7.1)　　　　　[法部告示 7]
　　용례　平壤控訴院廳舍其他新築工事

體制　　　　(1896.8.21)　　　　　[部令 7]
　　용례　ᄒᆞᄂᆞᆫ體制에關ᄒᆞᄂᆞᆫ件을裁可ᄒᆞ야頒布케ᄒᆞ
　　　　노라

體質　　　　(1907.9.21)　　　　　[部令 7]
　　용례　一體質이善良ᄒᆞ고身長이五尺以上되며姿
　　　　勢容貌가醜惡

逮捕　　　　(1900.10.1)　　　　　[法部令 7]
　　용례　二發覺ᄒᆞ고逮捕ᄒᆞ기前에官에自首ᄒᆞᆫ者ᄂᆞᆫ
　　　　本律에二等을

草履　　　　(1909.11.20)　　　　　[部令 7]
　　용례　木履、草履、靴、添附品等

招人鐘　　　(1905.7.25)　　　　　[部令 7]
　　용례　招人鐘、砥石、遮日件、燭臺、洋燈、鍵、
　　　　其他金物之類

出頭　　　　(1894.8.22)　　　　　[法部令 7]
　　용례　十二時ᄭᅡ지軍部經理局에出頭ᄒᆞ야入札心
　　　　得書와契約書

出願　　　　(1905.12.8)　　　　　[度支部令 7]
　　용례　觀察府에出願ᄒᆞ야其免許를受ᄒᆞ미可ᄒᆞ

미라

出張   (1894.8.19)   [部令 7]

용례   日本國內閣及所屬官廳事務를 視察ᄒ기爲ᄒ야出張을命

出張所   (1905.8.25)   [部令 7]

용례   江界出張所郵便貯金(1905.七月二日

取扱   (1907.9.21)   [部令 7]

용례   务分署에셔取扱ᄒ收入金은总히本书相当欄內에揭记

取扱所   (1894.8.22)   [部令 7]

용례   一平安北道宣川郵便電信取扱所의出納區域中郭山을削去

趣味   (1909.7.3)   [部令 7]

용례   方法을會得케ᄒ고兼ᄒ야工作의趣味를滋長ᄒ며勤勞

取入   (1901.1.2)   [內部令 7]

용례   第九條下에 (種痘事務가擴張되ᄂ境遇에ᄂ藥价取入金을外

趣旨   (1906.8.17)   [部令 7]

용례   五教授ᄂ教員된者에适当ᄒ고普通学校의趣旨에符合케

襯衣   (1907.9.21)   [部令 7]

용례   套、日覆、夏衣、夏袴、下襟、手套、冬襯衣、冬袴下、夏襯衣、夏袴下

枕   (1909.11.20)   [部令 7]

용례   寢臺、蒲團、枕、蚊帳、座蒲團、屏風、

額、卓被、窓掛、敷物等

寢具 (1896.1.27) [法部令 7]

용례 에게科ᄒᆞᄂᆞᆫ者니營倉에禁錮ᄒᆞ야寢具와副食品을每週間에

妥當 (1906.7.2) [法部令 7]

용례 拘拿懲辦ᄒᆞ오미妥當ᄒᆞᆸ기免本官

炭酸 (1895.6.10) [部令 7]

용례 되게稀硫酸과或强石炭酸水(幷藥名)를關ᄒᆞ야一定ᄒᆞᆫ器

退院 (1899.9.16) [部令 7]

용례 患者ᄂᆞᆫ醫士가退院을許ᄒᆞ기前에ᄂᆞᆫ病院退去흠을不得ᄒᆞᆯ事

特種 (1908.8.27) [部令 7]

용례 一私立學校令은私立學校에對ᄒᆞᆫ一般法이되ᄂᆞᆫ故로特種의

板金細工 (1909.7.9) [部令 7]

용례 鑄工、鍛工、板金細工、竹細工、工業經濟及其他事項에셔選擇ᄒᆞ고又ᄂᆞᆫ便宜分合ᄒᆞ야此를定흠

販賣 (1905.12.12) [部令 7]

용례 三壹個年의販賣豫想額

判然 (1905.12.8) [部令 7]

용례 의彩紋에連涉ᄒᆞ야其作成者의印章或은署名으로判然히此

評價 (1905.12.22) [部令 7]

용례 依ᄒᆞ야二人以上의評價人을定ᄒᆞ야其評定

價格에依ᄒ

平面 (1906.8.17)　　　　[部令 7]
　용례　五校舍의平面図但各教室의面积及厠舍의
位置等을明

閉鎖 (1896.2.6)　　　　[部令 7]
　용례　第十四條人家에셔夜間에或門戶를閉鎖치
아니ᄒᄂ者가有

標本 (1908.9.28)　　　　[部令 7]
　용례　야標本幷契約書案等을熟覽ᄒ後同十九日
下午一時에入札ᄒ

表紙 (1907.1.26)　　　　[度支部令 7]
　용례　編纂ᄒ證憑書類에ᄂ各自마다張數及金額
等을記載ᄒ表紙

品名 (1905.7.15)　　　　[議政府令 7]
　용례　納書에品名及數量을詳記ᄒ야物品出納命
令官의게送付ᄒ

品性 (1906.8.17)　　　　[部令 7]
　용례　一修身诚实温粹ᄒ品性을养ᄒ을期ᄒ고躬
行实践을为

핀지 (1909.1.28)　　　　[法部令 7]
　용례　燈火ᄂ「핀지」式瓦斯紅色明暗燈「無等」이
니全度를照輝ᄒ

下請 (1908.9.7)　　　　[部令 7]
　용례　教科書賣下請求書

学期 (1906.8.17)　　　　[部令 7]
　용례　第十条学年을分ᄒ야左의三学期로定ᄒ

이라

學年　　　(1905.3.1)　　　　　　[部令 7]
　　　　　용례　을承ᄒ야醫學年業人으로臨時委員을派遣
　　　　　ᄒ이라

割印　　　(1905.3.29)　　　　　　[部令 7]
　　　　　용례　割印證書

割烹　　　(1908.4.10)　　　　　　[學部令 7]
　　　　　용례　裁縫外에手藝ᄂ刺繡、編物、組絲、囊物、
　　　　　造花、割烹等

合金　　　(1905.3.23)　　　　　　[部令 7]
　　　　　용례　起十二月至月俸每朔三十元式合金三百三
　　　　　十元을豫備金中支

抗抵　　　(1895.9.2)　　　　　　[部令 7]
　　　　　용례　第一條宮城을對ᄒ야暴行或不敬을行ᄒ거
　　　　　나或衛兵을抗抵

海關稅　　(1905.12.22)　　　　　[部令 7]
　　　　　용례　第六運賃保險料及海關稅

解剖　　　(1908.7.17)　　　　　　[學部令 7]
　　　　　용례　不得已ᄒ境遇에限ᄒ야死體의解剖나墳墓
　　　　　의發掘을命ᄒᆷ을

現代　　　(1909.7.3)　　　　　　[學部令 7]
　　　　　용례　國語ᄂ現代文章을講讀케ᄒ고又實用簡易
　　　　　ᄒ文을作케

現像　　　(1895.8.15)　　　　　　[部令 7]
　　　　　용례　것과物理化學의現像과兒童의目擊ᄒᄂ器

械의 構造作用 等

現在　　　　(1908.9.28)　　　　　[部令 7]
　　　　　용례　所名現在位置改正位置

血液　　　　(1899.9.2)　　　　　[部令 7]
　　　　　용례　同ᄒ니流行ᄒᆯ時에瀉下物中血液이混치아
　　　　　　　　니ᄒᆫ患者라도本病

~型　　　　(1906.8.17)　　　　　[部令 7]
　　　　　용례　实地观察에基因ᄒ거ᄂ或标木模型图书等
　　　　　　　　을示ᄒ며又

刑事事件　　(1895.5.19)　　　　　[部令 7]
　　　　　용례　一其審理ᄒᆯ刑事事件에셔其所犯情狀이酌
　　　　　　　　量減輕ᄒᆯ思想이

火器　　　　(1909.12.28)　　　　　[部令 7]
　　　　　용례　火器暖爐火爐火箸三足铁等의类数盘

化石　　　　(1895.6.10)　　　　　[部令 7]
　　　　　용례　化石炭을埋케홈

花稅　　　　(1907.1.1)　　　　　[勅令 7]
　　　　　용례　花稅

化學　　　　(1907.3.8)　　　　　[部令 7]
　　　　　용례　第二條傳習所에染織、陶器、金工、木工、
　　　　　　　　應用化學、土木의六

化合　　　　(1895.7.24)　　　　　[部令 7]
　　　　　용례　化學普通化學上의現象緊要ᄒᆯ元素及無機
　　　　　　　　化合物의性質

確定　　　　(1905.12.31)　　　　　[法部令 7]
　　　　　용례　他保管物品에關ᄒᆫ計算을審査確定ᄒ며會

計를監督홈이라

喉頭　　　　(1899.9.2)　　　　　[部令 7]
　　　　　용례 其病毒은咽頭喉頭에含ᄒ야患者의痰唾鼻
　　　　　汁과患者의使用衣

休學　　　　(1904.8.3)　　　　　[部令 7]
　　　　　용례 第三款入學休學

8. 訓令

傾向　　(1909.10.11)　　　　[訓令 8]

용례　徒長ㅎ야結實不充分ㅎ傾向이有ㅎᄂ昨年
에比ㅎ면稍優홈

基準　　(1894.10.12)　　　　[訓令 8]

용례　果任基準自辟陞差○宮內府惠陵衆奉(落點)
徐丙炎趙

內譯書　　(1908.9.28)　　　　[訓令 8]

용례　費用內譯書ᄅ添附ㅎ고事由ᄅ詳悉記錄ㅎ
야法部大臣에게

內容　　(1909.10.21)　　　　[訓令 8]

용례　語時間의內容에셔敎授ㅎ되特히時間을定
치아니홈

面積　　(1906.7.12)　　　　[訓令 8]

용례　限홈 其面積은石炭에在ㅎ야ᄂ五萬坪以上
其他礦物에在ㅎ

博物　　(1895.7.1)　　　　[訓令 8]

용례　博物動植物의生理와衛生

運動會　　(1908.8.27)　　　　[訓令 8]

용례　規模의運動會ᄅ開ㅎ야數日或十數日의課

業을廢止

印紙稅 (1895.6.1) [訓令 8]
용례 外國社會에係ᄒ契約書印紙稅를增課ᄒ야

注射 (1909.8.16) [訓令 8]
용례 請을注射ᄒ者幷炭疽에罹ᄒ疑가有ᄒ者及
流行性鵝口

主眼 (1909.7.3) [訓令 8]
용례 就執홀業務의實際에施措홈을主眼ᄒᄂ者
인즉學校에셔

主語 (1905.4.11) [訓令 8]
용례 以兩金所犯言之其爲東徒之接主語涉不道
之情節非徒該尉官

差入 (1908.6.16) [訓令 8]
용례 但差入의分

取得 (1907.3.9) [訓令 地方制度 8]
용례 交換에ᄂ所有權을取得ᄒ者의

效果 (1909.7.3) [訓令 8]
용례 를深識體認ᄒ야實業敎育의施設獎勵에致
力ᄒ야法令의效果

쎄돌洋襪 (1908.6.20) [訓令 8]
용례 給與品은現品을給與홈但短靴、底革足
袋、쎄돌洋襪

9. 告示

脚本 (1908.9.7) [告示 9]
용례 文藝學術의著作物의著作權은飜譯權을包
含ᄒ고各種脚本

看板 (1909.10.4) [告示 9]
용례 ᄒ기爲ᄒ야廣告、看板、引札等에其物品
이登錄意匠을

刊行 (1909.1.13) [告示 9]
용례 一燈臺의位置ᄂ日本海軍水路部刊行海圖
第三百三十一號에

肩掛 (1909.11.20) [告示 9]
용례 衣服、袴、帶、襟、肩掛、領卷等

見得 (1909.10.5) [告示 9]
용례 三海里의距離로붓터見得ᄒ올者롤要홈

告示 (1905.5.29) [告示 9]
용례 第二百六條祭享日期롤豫先告示치아니ᄒ
者ᄂ笞五十이며

곤구리-도 (1909.4.16) [關稅局告示 9]
용례 基礎ᄂ「곤구리-도」造六角形이니白色으로
塗ᄒ고

곤구리ㅣ도　　　(1909.8.20)　　　　　[關稅局告示 9]
　　　　　　　　　용례　立標의 構造는「곤구리ㅣ도」造圓形이니

空地　　　　　　(1894.8.22)　　　　　[告示 9]
　　　　　　　　　용례　月十六日居古介空地期限經過

交易　　　　　　(1898.7.9)　　　　　[告示 9]
　　　　　　　　　용례　夫商者는 資本을 辦備ᄒ야 有無를 交易ᄒ고
　　　　　　　　　　　　利益을 沾漑ᄒ을 謂

口語　　　　　　(1908.8.27)　　　　　[告示 9]
　　　　　　　　　용례　日語會話及口語文全上全上全上

貴殿　　　　　　(1908.9.28)　　　　　[告示 9]
　　　　　　　　　용례　今般貴殿이 何地電話交換에 加入ᄒ기爲ᄒ
　　　　　　　　　　　　야 本人이 所有ᄒ는

貴族院　　　　　(1905.7.10)　　　　　[告示 9]
　　　　　　　　　용례　詔曰日本貴族院議員海軍主計總監川口武
　　　　　　　　　　　　定頗有兩國交鄰幹

貴下　　　　　　(1908.9.28)　　　　　[告示 9]
　　　　　　　　　용례　統監府通信管理局長貴下

根掛　　　　　　(1909.11.20)　　　　　[告示 9]
　　　　　　　　　용례　櫛、簪、根掛、胸飾、領飾、腕環、指環、
　　　　　　　　　　　　釦鈕、襟針、徽章等

機關　　　　　　(1905.4.26)　　　　　[告示 9]
　　　　　　　　　용례　日韓兩國政府는 韓國通信機關을

단구/핀지　　　(1909.8.20)　　　　　[關稅局告示 9]
　　　　　　　　　용례　鋳造圓筒形「단구」의 上部에 橧를 組立ᄒ고
　　　　　　　　　　　　黑色으로 塗ᄒ며 頭部에 燈器를 載ᄒ고

斷髮   (1905.8.10)   [告示 9]

     용례   翌九月一日斷髮演說民心擾擾云而繼接

担保   (1909.10.4)   [告示 9]

     용례   第三條第二項中有價證券의下에(又는土地、家屋을担保로)를

帶締紐   (1909.11.20)   [告示 9]

     용례   袱紗、手巾、卓被、「레ㅣ쓰」羽織紐、帶締紐、時計紐、飾總等

圖書館   (1909.4.3)   [告示 9]

     용례   圖書館員大會에參列ᄒ기爲ᄒ야日本國京都市에出張을命

圖案   (1909.10.4)   [告示 9]

     용례   收入意匠品(意匠圖案)出品申請

燈台   (1908.9.3)   [關稅局告示 9]

     용례   一燈台의位置는日本海軍水路部刊行海圖第三百四十八號

레ㅣ쓰   (1909.11.20)   [關稅局告示 9]

     용례   袱紗、手巾、卓被、「레ㅣ쓰」羽織紐、帶締紐、時計紐、飾總等

粻   (1909.10.13)   [告示 9]

     용례   二十粻

目標   (1908.9.28)   [告示 9]

     용례   薪島目標를冠훈北烟台山은北六一度三〇分東依ᄒ야位置

發動機   (1909.10.4)   [告示 9]

     용례   一霧笛의原動力은石油發動機며壓搾空氣

에依ᄒ야每一分三

事件 (1898.8.1) [告示 9]
용례 第二條該地方各觀察府行政司法衛生警察
上에關係된事件으로

私書函 (1909.11.20) [內閣告示 9]
용례 明治四十一年八月統監府令第三十三號郵
便私書函使用規則中如左히改正홈

社會 (1895.2.2) [告示 9]
용례 人世의秩序를維持ᄒ고社會의增進ᄒ라

三角測量 (1908.10.31) [警視廳告示 9]
용례 警視廳告示第三號三角測量實行三

商標 (1896.2.4) [內部告示 9]
용례 官報特許公報、商標公報及實用新案公報
로써此를公告홈

相互 (1907.3.13) [告示 9]
용례 第十條各部員은相互로兼務홈을得홈이라

洗面 (1909.9.15) [法部告示 9]
용례 廚具와器皿과食品을洗滌ᄒ거나含漱洗面
等事에ᄂ淨水

小數 (1909.7.9) [告示 9]
용례 筭術은整數、分數、小數、比例、步合筭을
敎授홈이可ᄒ고

速度 (1908.9.7) [告示 9]
용례 全日午後에在ᄒ야ᄂ低氣壓은忽然이從來
보다約三倍의速度

手藝   (1909.7.9)   [告示 9]
용례   前項外에隨意科目으로手藝、外國語、敎
育의一科目又ᄂ

習字   (1895.7.1)   [告示 9]
용례   習字楷行草의三體及其敎授法

時計   (1895.6.25)   [告示 9]
용례   北部安峴時計舖張思勛

시바리예   (1908.9.15)   [大麥收量報告 9]
용례   大麥收量報告

아세지린   (1909.10.25)   [關稅局告示 9]
용례   韓國西岸仁川內港에試驗ᄒ기爲ᄒ야「아세
지린」瓦斯浮標의新設

아써지린   (1909.3.24)   [關稅局告示 9]
용례   仁川內港에試驗ᄒ기爲ᄒ야碇置ᄒ얏든「아
써지린」瓦斯

藥局   (1905.10.31)   [告示 9]
용례   五藥局助手三人

와나絨氈   (1908.12.8)   [物品購買入札公告 9]
용례   와나絨氈(室內敷物)參拾四坪四合

郵便局   (1905.8.25)   [公告 9]
용례   右外에現在郵便局出張所、郵便領受所와
公衆通信을處理ᄒ

原動力   (1909.10.4)   [關稅局告示 9]
용례   一霧笛의原動力은石油發動機며壓搾空氣
에依ᄒ야每一分三

理財學 (1908.3.31) [告示 9]
용례 第一條中理財學을經濟學으로日本語를外
國語로改正ᄒ고第

引繼 (1905.8.25) [公告 9]
용례 鏡城郵遞司城津郵便局閉鎖ᄒ딕로引繼되
야殘務ᄂ城津

資本 (1905.9.6) [告示 9]
용례 第二條會社ᄂ定款으로資本金其他設立에
關ᄒ必要事項을

自分 (1895.4.5) [告知 9]
용례 本條境遇에當ᄒ야各自分納額을滯納■者
가有■ᄂ時의措置方法은該面村里에셔熟
議豫定ᄒ야셔其邑長官의認許를經ᄒ미可홈

裝置 (1909.10.3) [告示 9]
용례 裝置ᄒ고且少ᄒ야도五海里의距離로붓터
見得홀者를

抵抗 (1905.4.22) [內閣告示 9]
용례 四職務로뼈與人抵抗홀時에兵力이아니면
制勝ᄒ기難혼

典權 (1909.11.13) [統監府告示 9]
용례 目的된權利及債權額을記載ᄒ며尙히登錄
原因에存續權의目的된權利及債權額을記
載ᄒ며尙히登錄原因에存續

店頭 (1909.8.27) [公告 9]
용례 店頭에揭示ᄒ고其以後의請入을謝絶홀者
로홈

占有　(1894.8.19)　　　[公告 9]
　용례　四占有에웃ㅎ诉讼

灯台　(1894.8.19)　　　[告示 9]
　용례　敕令第四十九号灯台局官制仝全

停學　(1909.7.9)　　　[告示 9]
　용례　懲戒ᄂ戒飭、謹愼、停學으로홈

組立　(1909.10.21)　　　[告示 9]
　용례　一浮標ᄂ鋼鐵製橢圓形이니其上에櫓形을
　　　　組立ᄒ고頭部에燈

重量　(1905.3.29)　　　[告示 9]
　용례　及重量의檢查

重複　(1909.4.3)　　　[公告 9]
　용례　우잇구죠-에로푸멘도會社所屬鑛區와全部
　　　　重複이기許可치

持出　(1908.9.28)　　　[告示 9]
　용례　爲ᄒ境遇를除ᄒ外에登記所外에持出홈을
　　　　不得홈但第

振替　(1909.10.4)　　　[內閣告示 9]
　용례　行에在ᄒ야ᄂ其銀行의當座勘定口에其貯
　　　　金의振替을請求

振替貯金　(1909.10.4)　　　[內閣告示 9]
　용례　第五十七條加入者及領受人은左의境遇에
　　　　ᄂ振替貯金拂出

草刈　(1909.7.30)　　　[公告 9]
　용례　前一司七宮草坪右本年度生草刈取權을公

賣에附흐바

特使　　　(1907.1.29)　　　　　[告示 9]

　　용례　日本國特使隨員侍從武官海軍大佐大城源
　　　　　三郎

編物　　　(1909.10.21)　　　　　[告示 9]

　　용례　手藝(五)紙細工、編物、造花(五)同上

品詞　　　(1909.10.21)　　　　　[告示 9]

　　용례　作文、文典三品詞篇四全上及書翰文

筆算　　　(1895.8.15)　　　　　[關稅局告示 9]

　　용례　高等科에ᄂ筆算珠算을倂用호■珠算은加
　　　　　減乘除ᄅ練習ᄒ

解禁　　　(1909.8.16)　　　　　[內部告示 9]

　　용례　港으로輸出ᄒᄂ者에限ᄒ야本日붓터解禁홈

厚紙　　　(1909.10.4)　　　　　[告示 9]

　　용례　(厚紙)何財務署財務

10. 叙任과 辭令

閣下   (1905.6.30)   [叙任及辭令 10]
용례   度支部大臣官姓名閣下

間接   (1896.5.28)   [辭令 10]
용례   千百二十万千八百十三法間稅及間接收入
二十億千六百八

見習生   (1905.4.26)   [叙任及辭令 10]
용례   第九條各官廳見習生으로三年以上積勤ᄒ
者ᄂ初考를免ᄒ

見積書   (1894.8.22)   [叙任及辭令 10]
용례   右入札保證金은各自見積書代價의百分五
以上

見學   (1907.9.21)   [叙任及辭令 10]
용례   解日本軍隊見學

結婚   (1901.1.2)   [敍任及辭令 10]
용례   女朴召史結婚五載不相和諧遭其祖父喪侍
墓三年忽稱渠祖

經濟   (1905.12.31)   [辭令 10]
용례   第一條帝室財政會議ᄂ帝室에關ᄒ一切財
用과經濟事業

公民 (1906.2.1) [敘任及辭令 10]
용례 交河郡守尹蘷變見事明吏不敢欺秉心公民
皆有頌上

工兵 (1895.5.19) [叙任 10]
용례 別表工兵輜重兵馬兵

官權 (1905.3.4) [叙任及辭令 10]
용례 詔曰別攔後關西司令官權攝陸軍副將閔泳
喆加資餉官陸軍叅

觀念 光武六年一月十六 [叙任及辭令 10]
용례 任咸鏡北道觀念會主事敘判任官六等

教師 (1902.12.31) [叙任及辞令 10]
용례 砡学局監督■来物理法語学校教師馬太乙

国庫 (1902.12.31) [叙任及辞令 10]
용례 第十■条国庫金出納과各税額収捧과新旧
貨幣交換에関ᄒ

軍刀 (1906.2.24) [叙任及辭令 10]
용례 右ᄂ該員이職在總巡之任ᄒ야巡檢軍刀를
見奪于外兵이라

軍部 (1900.9.18) [叙任 10]
용례 軍部協辦李漢英

軍事 (1900.10.1) [叙任 10]
용례 第百五十五條公罪를除ᄒ外에軍事上으로
犯罪ᄒ者ᄂ敵前

軍樂隊 (1902.12.31) [叙任及辞令 10]
용례 軍楽隊軍服諸具費一千十六元五十銭과本

国人金長喜王習俊

屈辱 (1905.3.31)　　　　[叙任及辭令 10]
용례　右ᄂᆫ京畿觀察使報告ᄅᆞᆯ據ᄒᆞᆫ즉該員이江華
郡鄕長을無端屈辱

技師 (1900.10.7)　　　　[叙任 10]
용례　學部主事白萬爽北漆水輪課技師金顯珏塡
紅農商工部祭書官

技手 (1909.7.5)　　　　[叙任 10]
용례　任臨時財源調査局技手叙判任官四等

納得 (1908.3.17)　　　　[叙任及辭令 10]
용례　道裁判所에被拿審査ᄒᆞᆫ後에右金額을還納
得放이라ᄒᆞ온바此

內務省 (1894.8.19)　　　　[叙任及辭令 10]
용례　日本國內務省祭事官法學博士水野鍊太郎

当然 (1894.11.26)　　　　[叙任及辭令 10]
용례　院断案辞意明是林凤奎幻弄冒錄星州公钱
使林徵纳事理当然

當直 (1905.4.29)　　　　[叙任及辭令 10]
용례　第四十條當直摠巡은巡檢을指揮ᄒᆞ야警備
와巡察等을

獨逸 (1908.9.28)　　　　[叙任及辭令 10]
용례　○丁抹의生産組合丁抹은獨逸의西北에在
ᄒᆞᆫ半島와其附近

無政府 (1894.7.21)　　　　[叙任及辭令 10]
용례　等物排歛民間大致民邑之騷擾此事初無政

府知委而

反故	(1901.1.2)	[敍任及辭令 10]

용례 道報辭一切相反故許李兩民押上質査則許
民以李民之高祖墳

不可能   (1900.7.17)   [敍任及辭令 10]

용례 右는該員이部下를不可能操飭이기是로以
ᄒ야一週日輕謹愼에

秘書官   (1909.4.3)   [敍任 10]

용례 同祗侯官宮內府大臣秘書官及女官에는此
를適用치아니

司法省   (1905.4.6)   [敍任及辭令 10]

용례 敍勳二等賜八卦章日本國司法省參書官齋
藤十一郎

仕事   (1898.8.18)   [敍任及辭令 10]

용례 右는該員이內部主事로敍任一朔에尚不出
仕事로免本官ᄒ

書記官   (1895.2.2)   [敍任及辭令 10]

용례 駐日本公使館書記官李鳴善으로差下ᄒ오미

庶務   (1907.3.12)   [敍任 10]

용례 第一條本則은警察課庶務課執問課에適用
흠이라

修繕費   (1905.10.9)   [敍任及辭令 10]

용례 家舍修繕費六千五百六十六圜五十錢과

市長   (1908.3.25)   [敍任及辭令 10]

용례 日本國神戶市長水上浩躬

視察　　　(1905.3.1)　　　　　[叙任 10]

용례　學府參書官은官制通則에揭ᄒᆫ者外에學事
視察及學校檢閱

植物園　　　(1908.5.15)　　　　[叙任及辭令 10]

용례　博物舘動物園植物園庶務及會計를囑託ᄒᆷ
(奏任待遇)

植民地　　　(1896.7.23)　　　　[叙任 10]

용례　法國代議院에셔馬島로植民地삼ᄂᆫ議案
이라

食品　　　　(1895.10.4)　　　　[叙任及辭令 10]

용례　印度의農産을大別ᄒᆞ면食品이非食品이니
其中에重要ᄒᆫ者을

失墜　　　　(1908.7.17)　　　　[叙任及辭令 10]

용례　面을失墜汚損ᄒᆷ이甚ᄒᆫ者이기是以로免本官

聯隊長　　　(1905.4.21)　　　　[叙任 10]

용례　聯隊長正副領一人

英国　　　　(1894.11.26)　　　[叙任及辭令 10]

용례　을領受ᄒᆞ얏고正■品李钟应은英国으로셔
戴冠礼式银纪念章

外務大臣　　(1904.10.6)　　　　[叙任 10]

용례　○總理大臣外務大臣은奏駐日本公使館叅
贊官을前主事李台稙으로差下ᄒᆞ오니何如
ᄒᆞ올지奉旨依允

運轉手　　　(1907.9.21)　　　　[叙任及辭令 10]

용례　任關稅局運轉手叙判任官一等稲葉長喜

衛生 (1905.5.29) [叙任 10]
용례 第二節衛生妨害律

儀仗兵 (1908.3.25) [叙任及辭令 10]
용례 日本國下關儀仗兵中隊長砲兵大尉根岸五藏

引渡 (1894.8.22) [叙任及辭令 10]
용례 二特赦及罪人引渡에关ᄒᆞᆫ事项

人称 (1902.12.31) [叙任及辞令 10]
용례 身作玉塞長城이오家在本境ᄒᆞ니人称錦衣

日附 (1901.1.2) [叙任及辭令 10]
용례 日附奏今不必更事煩達而臣之初未發告自

日附印 (1898.3.29) [叙任及辭令 10]
용례 右ᄂᆞᆫ該員이洪州郵遞司主事로셔郵遞物에日附印을僞踏傳

一向 (1895.1.5) [叙任及辭令 10]
용례 巽章如是懇摯一向相持反非禮待所辭宮內之銜不得

財務 (1900.12.29) [叙任 10]
용례 長閔康鎬技師金完植正三品鄭龍瑍度支部財務官李濬相營繕

在職 (1905.11.17) [叙任及辭令 10]
용례 檢事로繼續在職이滿三個年以上者로每試驗時에

裁判 (1908.7.17) [叙任 10]
용례 第八十二條裁判所ᄂᆞᆫ他訴訟의結果가裁判에影響을及ᄒᆞᆯ者

裁判所　(1908.7.17)　　　　[叙任 10]

용례　第八十二條裁判所는他訴訟의結果가裁判
에影響을及홀者

停職　(1904.9.27)　　　　[辭令 10]

용례　第五條休職及停職의年月은實役停年에算
入지아니홈이라

中隊　(1895.4.1)　　　　[叙任及辭令 10]

용례　一中隊以上의演習

直觀　(1896.11.26)　　　　[叙任及辭令 10]

용례　고久留無事之兼邑ㅎ야一直觀望ㅎ기屢促
ㅎ여도不還ㅎ야

次長　(1905.12.12)　　　　[叙任及辭令 10]

용례　第四條次長은長官의指揮를承ㅎ야局內一
切事務를

參事　(1908.3.31)　　　　[叙任及辭令 10]

용례　警察及庶務에關흔事項을參事ㅎ며二人은
巡視에關흔事項

鉄道　(1894.7.11)　　　　[叙任及辞令 10]

용례　詔曰命陸軍副将李道宰為鉄道院摠裁元帥
府会計局摠長閔丙

通信員　(1900.10.3)　　　　[叙任及辞令 10]

용례　通信員技師金澈榮

派出所　(1908.1.11)　　　　[叙任及辞令 10]

용례　派出所를設置ㅎ고税關의收入及一般歳出
金을取扱케홈

判官　　　　　(1895.1.29)　　　　　[叙任及辭令 10]

　　용례　奏開城府經歷을判官으로改稱ᄒ온지라

判事　　　　　(1895.4.1)　　　　　[叙任 10]

　　용례　第九條檢事ᄂᆫ判事에對ᄒ야被告事件의先
　　　　　査ᄅᆯ請求ᄒ믈得홈

編輯局　　　　(1895.4.19)　　　　　[叙任 10]

　　용례　第六條編輯局에셔ᄂᆫ左開ᄒᄂᆫ事務ᄅᆯ掌홈

砲兵　　　　　(1909.7.14)　　　　　[叙任 10]

　　용례　野砲兵第六聯隊大隊長陸軍砲兵少佐

刑事　　　　　(1895.5.21)　　　　　[叙任 10]

　　용례　三民事刑事ᄅᆯ間치勿ᄒ고法律法例適用上
　　　　　에因ᄒ야疑議가生홀時

訓練　　　　　(1904.8.18)　　　　　[叙任及辭令 10]

　　용례　三敎育訓練演習檢閱禮式服制에關ᄒ事項

11. 宮廷錄寫

可決　　　(1898.11.4)　　　　[宮廷錄事 11]
　　　용례　合席協議ᄒ야妥當可決ᄒ後에施行ᄒ고議
　　　　　　政府에셔直行ᄒ

家計　　　(1902.7.12)　　　　[宮廷錄事 11]
　　　용례　靑陽郡前主事李承祚等俱以不贍家計捐義
　　　　　　救恤能濟一境使飢

架空　　　(1898.10.10)　　　　[宮廷錄事 11]
　　　용례　示警餘外諸人不當架空起疑於不當疑之地
　　　　　　至如法律乃朝家所

仮名　　　(1907.4.24)　　　　[宮廷錄事 11]
　　　용례　一姓名(帝国臣民은片仮名으로써、韓国臣
　　　　　　民은片仮名이나諺文으로써傍书을付ᄒ이
　　　　　　可ᄒ이라)

珈琲　　　(1895.10.6)　　　　[宮廷錄事 11]
　　　용례　此外에豆菽類及雜穀도잇고茶珈琲의殖産
　　　　　　도亦印度의一大事

仮定　　　(1894.8.19)　　　　[宮廷錄事 11]
　　　용례　何新聞发行又ᄂ编辑或은印刷担任者仮定
　　　　　　申告

價直　　　(1898.4.8)　　　　　[宮廷錄事 11]

용례　況值窮春日急一日原野之間飯石無儲■市
之中價直騰踊嗷嗷

角木　　　(1899.7.4)　　　　　[宮廷錄事 11]

용례　三角木覓漢江報謝祭依前例待立秋後設行
而

脚絆　　　(1894.7.11)　　　　　[宮廷錄事 11]

용례　一捲脚絆五百九拾組

幹事　　　(1894.8.19)　　　　　[宮廷錄事 11]

용례　法官養成所幹事同上同上

看守　　　(1895.5.1)　　　　　[宮廷錄事 11]

용례　第二十二條巡檢看守에關ㅎㄴ規程은別로
定홈

減俸　　　(1896.7.1)　　　　　[宮廷錄事 11]

용례　觀察使兪箕煥減俸幷分揀

勘事　　　(1905.1.12)　　　　　[宮廷錄事 11]

용례　願書內開本人家親泰哲在任延安郡守時上
納未勘事現在保放

紺色　　　(1906.2.28)　　　　　[宮廷錄事 11]

용례　되上襟及袖口에ㄴ黑紺色羽緞四寸을付飾
ㅎ며前面左右에

勘定　　　(1901.1.2)　　　　　[宮廷錄事 11]

용례　憲只伏俟有司之勘定瞻天戰掉岡知攸達

講義　　　(1898.2.23)　　　　　[宮廷錄事 11]

용례　批旨省疏具悉書進文公講義尤可嘉也

開放   (1907.9.21)   [宮廷錄事 11]

용례   朕이咸鏡北道富寧郡淸津開放에關ᄒ件을
裁可ᄒ야茲에頒布

開進   (1898.11.16)   [宮廷錄事 11]

용례   若酌定範圍俯徇輿情則亦係開進之一助臣
等難以擅便伏候

改編   (1909.12.28)   [宮廷錄事 11]

용례   塬隊所属公州駐隊附属為四百名并改編制
水塬隊則待新預算

介抱   (1899.9.8)   [宮廷錄事 11]

용례   者가親히患者를介抱ᄒ야痘毒에汚染ᄒ드
릴도其手足衣服等

改票   (1902.1.31)   [宮廷錄事 11]

용례   峻變郡守閔明植并加資添入改票

檢事   (1894.7.11)   [宮廷錄事 11]

용례   漢城府裁判所檢事試補尹觀柱

檢視   (1898.1.10)   [宮廷錄事 11]

용례   第八條囚人이死亡ᄒ時ᄂ監獄署長은醫師
와立會檢視ᄒ야

見習   (1898.11.7)   [宮廷錄事 11]

용례   右二十員은量地衙門量地見習生으로充補事

結局   (1905.4.14)   [宮廷錄事 11]

용례   但其書面의結局이一般令達或通牒이될件
은其令達通牒으

欠席   (1905.4.12)   [宮廷錄事 11]

용례   不告欠席이一週日以上에及ᄒ者

経理 (1902.12.31) [宮廷錄事 11]
 용례 有身病■角山白獄山漢江无進去之人以大
   祝軍部経理局課員

経費 (1902.12.31) [宮廷錄事 11]
 용례 諸経費等은度支部大臣이中央銀行摠裁와
   協議ㅎ야定홀事

經濟學 (1905.4.26) [宮廷錄事 11]
 용례 第六條會考科目은左開와如ㅎ이라經濟學

輕重 (1909.12.28) [宮廷錄事 11]
 용례 慮徐夫以卿断断一念参倚于公私輕重緩急

~届 (1905.12.7) [宮廷錄事 11]
 용례 批旨臣等相顧愕眙轉靡所届也勒約不廢則
   國必亡矣諸賊不

系長 (1907.3.12) [宮廷錄事 11]
 용례 第三條警察課庶務課의課長下에系長을■
   호딕總巡或主事

高等学校 (1906.8.17) [宮廷錄事 11]
 용례 第四条高等学校의本科学科目은修身国语
   汉文日语暦

古參 (1905.7.12) [宮廷錄事 11]
 용례 救濟之策朕甚慨歎焉所以酌古參今旁求列
   邦規制玆設大韓國

公安 (1901.1.2) [宮廷錄事 11]
 용례 里如封目前怵惕憫焉錦玉靡安昔當鄭公安
   集流民法尙簡便李

工作   (1905.5.29)   [宮廷錄事 11]
용례   委任을受ㅎ고物品을供給或工作ㅎᄂ者가
故意로違背ᄒ者

過激   (1902.3.22)   [宮廷錄事 11]
용례   也卿之所堅持者以人言爲言而卿乃設爲過
激之言厚自引責▇

慣用   (1909.2.9)   [宮廷錄事 11]
용례   이可ㅎ고印刷所가營業上慣用ᄒ名稱이有
ㅎᄂ境遇에ᄂ該

校監   (1902.12.31)   [宮廷錄事 11]
용례   右ᄂ該員이校監之任에在ㅎ야寮員이不勤
視務ㅎ되趙不報明

交涉   (1902.12.31)   [宮廷錄事 11]
용례   奏海西査核有関交涉辯訳甚緊法語学校教
李能和委員差下

教育   (1906.8.17)   [宮廷錄事 11]
용례   教育의原理、教授의原則、教育法令及
学校

教育部   (1904.9.27)   [宮廷錄事 11]
용례   補教育部炮工兵科長陸軍工兵衆領金成殷

構内   (1907.7.19)   [宮廷錄事 11]
용례   度支部構内에設置ᄒ京城貨币交換所ᄂ第
一银行亦城支店内

国防   (1906.8.17)   [宮廷錄事 11]
용례   奏庆尚南道鎭海湾咸镜南道永兴湾以国防
必要劃定相当区域

国体 (1902.12.31) [宮廷録事 11]

용례 矣罪止一身而其有関于国体世道者誠非細

国字 (1909.12.28) [宮廷録事 11]

용례 閣修改時監董別単中九品洪国観에国字는
以敬字로改付票홈

軍樂部 (1904.9.27) [宮廷錄事 11]

용례 第十七條將校相當官幷衛生部經理部軍樂
部下士及諸工長

軍醫 (1906.4.5) [宮廷錄事 11]

용례 漢城病院長日本國軍醫少監勳三等和田八
千穗

窮理 (1901.1.2) [宮廷錄事 11]

용례 奏贈吏判臣李象靖以科目中人屏居守道窮
理持敬■信紫陽

記録 (1902.12.31) [宮廷録事 11]

용례 一匹賜給具哲祖加資閔泳瑗儿馬一匹賜給
記録局摠長陸軍参

南極 (1902.5.8) [宮廷錄事 11]

용례 千一之會南極流輝歲月綿五百之期西樓增
彩茲當同慶之辰特

男爵 (1906.6.27) [宮廷錄事 11]

용례 伊東祐亨海軍大將男爵幷

納入 (1905.6.12) [宮廷錄事 11]

용례 隨時收入으로納入告知書를發ᄒ者는其日
付의屬홈

內入	(1898.9.12)	[宮廷錄事 11]
	용례 答曰知道當自內入診卿等本院輪直	

內包	(1900.11.23)	[宮廷錄事 11]
	용례 紀綱解弛甲乙以後亂逆層生而王章未伸其 黨與之潛伏域內包	

耐火	(1906.5.14)	[宮廷錄事 11]
	용례 粘土와耐火練化石의耐火度와吸水量과收 縮度의檢定	

勞動	(1905.7.3)	[宮廷錄事 11]
	용례 此時觸冒勞動有非節宣保嗇之方伏乞	

努力	(1909.4.3)	[宮廷錄事 11]
	용례 말고職務執行의目的을達홈에努力홈이 可홈	

錄取	(1901.1.2)	[宮廷錄事 11]
	용례 件押取를行ᄒᄂ時ᄂ錄事로立會ᄒ고訊問 及供述을錄取ᄒ	

論理	(1906.8.17)	[宮廷錄事 11]
	용례 教育三教育의原理心理論理의大要三(前半 年)教育法令及学校管理法三(后半年)实地 授业	

農商工學校	(1904.8.5)	[宮廷錄事 11]
	용례 今에農商工學校를新設ᄒ고工業科를爲先 教授홀터이니	

能力	(1909.7.3)	[宮廷錄事 11]
	용례 思想을表出ᄒᄂ能力을得케ᄒ고兼ᄒ야智 德을啓發홈	

團體　　　(1905.12.31)　　　　[宮廷錄事 11]
　　　　　용례　金을付與ᄒ團體及公私建築經費等出納에
　　　　　　　　關ᄒ決算

達者　　　(1902.12.21)　　　　[宮廷錄事 11]
　　　　　용례　死而已文字附對極涉唐突他無所更達者矣
　　　　　　　　云矣敢

当時　　　(1902.12.31)　　　　[宮廷錄事 11]
　　　　　용례　事今始来告則可知其当時不能恪勤巡察之
　　　　　　　　罪亦令法部一体懲

鍍金　　　(1906.2.15)　　　　[宮廷錄事 11]
　　　　　용례　下半部橫線은黑絲區織이오正面表章은鍍
　　　　　　　　金鑄制오頤紐은黑

到頭　　　(1900.11.1)　　　　[宮廷錄事 11]
　　　　　용례　坎癸結咽壬亥到頭亥入首壬坐丙向丁亥分
　　　　　　　　金甲卯得丁未歸

徒步　　　(1906.5.25)　　　　[宮廷錄事 11]
　　　　　용례　徒步로隊附에在ᄒ者ᄂ總히背囊을負홈
　　　　　　　　이라

東京府　　光武八年九月二十六日　[宮廷錄事 11]
　　　　　용례　極章東京府下谷警察署長警視新居友三郎
　　　　　　　　警部尾浦雄熊山本

라무네　　(1909.11.20)　　　　[宮廷錄事 11]
　　　　　용례　曹達水、密柑水、「라무네」、「사이다ㅣ」等

羅紗　　　(1906.2.28)　　　　[宮廷錄事 11]
　　　　　용례　第五條上衣領章은天靑色羅紗오橫紋金線
　　　　　　　　二條를付ᄒ

萬國博覽會   (1909.11.5)   [宮廷錄事 11]
　　　　　용례   官許된萬國博覽會에出品홀發明에對ㅎ야
　　　　　　　　其開會日로부터六箇月以內에特許를請願
　　　　　　　　홀時는

挽回   (1906.2.2)   [宮廷錄事 11]
　　　　　용례   羅州郡守閔泳采設講試制挽回儒風上

命名   (1897.12.31)   [宮廷錄事 11]
　　　　　용례   大俄國命名日에我

紊亂   (1907.2.27)   [宮廷錄事 11]
　　　　　용례   右는該員이職在稅務官吏ㅎ야不遵規程ㅎ
　　　　　　　　고紊亂稅政ㅎ며

文部省   (1905.4.6)   [宮廷錄事 11]
　　　　　용례   省參書官齋藤十一郎特叙勳二等文部省參
　　　　　　　　書官赤司鷹一郎陸

文典   (1902.3.7)   [宮廷錄事 11]
　　　　　용례   飢國儲艱絀憂虞方殷錦玉靡妥儀文典禮有
　　　　　　　　非可言所以辭拒至

文献   (1894.8.19)   [宮廷錄事 11]
　　　　　용례   第五款文献备考刊行费金二万二千五百圜

半開   (1906.2.28)   [宮廷錄事 11]
　　　　　용례   鞘上에半開李花一枝及李花葉二个을雕刻
　　　　　　　　ㅎ며親敕任官의

半面   (1906.2.28)   [宮廷錄事 11]
　　　　　용례   距ㅎ야后部에縫合ㅎ고其內左右半面品字
　　　　　　　　形全開李花三枝

發車　　　　(1909.1.13)　　　　[宮廷錄事 11]

용례　御着ᄒᆞ옵시고同十二時에御發車ᄒᆞ사下午
三時四十分에南

配布　　　　(1907.4.24)　　　　[宮廷錄事 11]

용례　를集ᄒᆞ야必要ᄒᆞᆫ檢查를行케ᄒᆞ야合格者를
各队에配布홈

犯法者　　　　(1905.4.29)　　　　[宮廷錄事 11]

용례　犯法者與犯人同罪

法規　　　　(1905.11.11)　　　　[宮廷錄事 11]

용례　特別法規에因ᄒᆞ야特別裁判所에셔

兵課　　　　(1904.9.27)　　　　[宮廷錄事 11]

용례　兵課員

服地　　　　(1905.3.8)　　　　[宮廷錄事 11]

용례　兼ᄒᆞ야服地織造事를掌홈이라

夫婦　　　　(1905.7.28)　　　　[宮廷錄事 11]

용례　招夫婦被捉承珍則刑斃其婦則落胎查此獄
死者李世奉緣於一

浮上　　　　(1898.8.25)　　　　[宮廷錄事 11]

용례　山陵石儀今當以江華府所在艾石准例浮上
事別看役吳鼎善派

專制　　　　(1902.12.31)　　　　[宮廷錄事 11]

용례　批旨省疏具悉專制一路藉卿雅量必勿煩辭
即還視務益勉観察

分娩　　　　(1905.5.29)　　　　[宮廷錄事 11]

용례　第百三條死刑에處홀婦女가懷孕ᄒᆞᆫ時ᄂᆞᆫ分
娩後百日을待ᄒᆞ

分散   (1909.4.3)   [宮廷錄事 11]
용례   第十條郵票額及收入印紙ᄂ破産又ᄂ家資
分散의宣告ᄅ受

分子   (1894.8.19)   [宮廷錄事 11]
용례   罅隙广为九寸四分亥方驾石屛石开隙广为
三寸六分子方屛石

肥料   (1906.8.17)   [宮廷錄事 11]
용례   农事ᄂ土壤水利肥料农具耕耘裁培养蚕牧
畜等에就

費目   (1896.1.21)   [宮廷錄事 11]
용례   一圖書購買費以下各費目에若干割引을
加홈

思慮   (1900.10.1)   [宮廷錄事 11]
용례   一耳目의不及과思慮의不到로不期ᄒ고致
死ᄒ者ᄂ答一

司令官   (1905.4.21)   [宮廷錄事 11]
용례   第二條憲兵司令官은軍事警察에關ᄒ야

仕上   (1898.5.27)   [宮廷錄事 11]
용례   一堂上郎廳依例謄錄事畢間除本司仕上直
凡公會勿祭■祭

社員   (1897.7.21)   [宮廷錄事 11]
용례   야被告黃鶴性에게囑付ᄒ야商務會社社員
中趙秉璿張遠李

思惟   (1900.8.7)   [宮廷錄事 11]
용례   批旨省疏具悉卿懇言實無稽卿自思惟亦當

相當　　　　(1905.12.12)　　　　[宮廷錄事 11]
　　　용례　二錘를 稱量에懸ᄒᆞ고此에相當ᄒᆞ分銅을皿
　　　　　　或鉤에加ᄒᆞ야

上着　　　　(1897.3.8)　　　　[宮廷錄事 11]
　　　용례　一朝官年八十階二品以上着照例賜米三品
　　　　　　以下及士庶年九

生殖　　　　(1905.7.12)　　　　[宮廷錄事 11]
　　　용례　祖宗施仁之政下保我黎民生殖之道尙爾有
　　　　　　司特發帑藏量宜措

船賃　　　　(1906.12.21)　　　　[宮廷錄事 11]
　　　용례　車汽船으로施行ᄒᆞᆯ時ᄂᆞᆫ日額外에更히其汽
　　　　　　車汽船賃을一等

説明　　　　(1903.7.22)　　　　[宮廷錄事 11]
　　　용례　价金과使用ᄒᆞᄂᆞᆫ説明을昭詳히記錄ᄒᆞᆯ事

攝理　　　　(1905.9.17)　　　　[宮廷錄事 11]
　　　용례　批旨省疏具悉卿懇政待攝理廟務克濟時艱

攝氏　　　　(1909.7.1)　　　　[宮廷錄事 11]
　　　용례　氣壓雨量은미리메도루氣溫은攝氏

成分　　　　(1906.5.14)　　　　[宮廷錄事 11]
　　　용례　一一成分의定性分析은金壹圓으로定ᄒᆞ되
　　　　　　一定性을增ᄒᆞ

紹介　　　　(1905.5.29)　　　　[宮廷錄事 11]
　　　용례　者ᄂᆞᆫ笞一百에處ᄒᆞ고紹介나受遣ᄒᆞᆫ者ᄂᆞᆫ各
　　　　　　히一等을減홈이

所帶　　　　(1909.12.28)　　　　[宮廷錄事 11]
　　　용례　奏東萊府尹金宗源所帶慶尚南道檢税官今

将解任矣其代昌塬

小使　(1909.1.13)　　　　[宮廷錄事 11]
용례　來로本所雇書記及小使의給料를實際支給
額보다多額을受

少将　(1894.8.19)　　　　[宮廷錄事 11]
용례　少将勛一等村田惇特賜太极章统监府嘱托
勛三等男爵高崎安

袖口　(1906.2.28)　　　　[宮廷錄事 11]
용례　第四條上衣袖章은地質은天靑色羅紗오袖
口로부터三寸을

隧道　(1894.11.26)　　　　[宮廷錄事 11]
용례　不容■仄有所妨碍于隧道事遣地方官传谕

視學　(1906.4.14)　　　　[宮廷錄事 11]
용례　三十字를删去ᄒ고第七條次에(第八條學部
視學官은奏任으

实際　(1902.12.31)　　　　[宮廷錄事 11]
용례　規程이기로免本官ᄒ얏더니追究实際에容
有可塬이기로免

斡旋　(1894.8.19)　　　　[宮廷錄事 11]
용례　筑时排歛事를既是从中斡旋ᄒ야宜有其实
이온즉民怨至此

暗室　(1897.10.10)　　　　[宮廷錄事 11]
용례　知屋漏暗室無徵不燭夫有誠則有物不誠則
無物齊明盛服洋洋

愛想　(1899.6.28)　　　　[宮廷錄事 11]
용례　不啻倍筵以卿憂愛想亦仰屋而繞壁朕安得

愛惜　　　(1909.6.23)　　　　[宮廷錄事 11]

　　용례　朕이曩日에伊藤公爵의辭任에當ᄒ야衷心에愛惜ᄒ믈不勝

洋燈心　　(1905.7.25)　　　　[宮廷錄事 11]

　　용례　蠟燭、洋燈心、自起磺、糊粉、飛陋、石炭酸、石灰之類

洋墨　　　(1909.11.20)　　　　[宮廷錄事 11]

　　용례　筆、墨、洋墨壺、洋筆軸等

旅館　　　(1902.12.31)　　　　[宮廷錄事 11]

　　용례　藤增雄旅館費金及家屋修理費■千元을預備金中支出事와

女子　　　(1908.5.15)　　　　[宮廷錄事 11]

　　용례　認치아니리오予가親히師ᄅᆯ延ᄒ고敎ᄅᆯ受ᄒ야一般女子로ᄒ

力作　　　(1894.8.19)　　　　[宮廷錄事 11]

　　용례　一天下之本农为重各府州郡果有勤于耕种务本力作者地方

力學　　　(1906.1.22)　　　　[宮廷錄事 11]

　　용례　友出天胥長力學自主慨然有求道之志始從大司成臣金湜以諸

燕尾服　　(1906.2.28)　　　　[宮廷錄事 11]

　　용례　第十三條上衣地質은深黑紺羅紗니制式은燕尾服과同一ᄒ

年報　　　(1905.4.14)　　　　[宮廷錄事 11]

　　용례　六統計年報及編纂에關ᄒ事項

煉瓦　　　　(1907.3.7)　　　　[宮廷錄事 11]
　　　용례　部煉瓦制造作業會計規程中第二條를左와
　　　　　　如히改正홈이라

演奏　　　　(1902.12.31)　　　　[宮廷錄事 11]
　　　용례　陪進官議政府主事金重演奏時主事韓応錫
　　　　　　彭興周李璟益各儿

英文　　　　(1907.1.21)　　　　[宮廷錄事 11]
　　　용례　英國人의發刊ᄒᄂᆫ漢文大韓每日申報及英
　　　　　　文「코리아데일늬

例言　　　　(1909.12.28)　　　　[宮廷錄事 11]
　　　용례　伏望云矣該観察所陳不啻切当以該隊形例
　　　　　　言之伙然額数遽難

誤解　　　　(1908.1.11)　　　　[宮廷錄事 11]
　　　용례　誤解暴動ᄒᄂᆫ人民의歸化홈者에對ᄒ야其
　　　　　　歸順홈을証明ᄒ기

温度　　　　(1909.12.28)　　　　[宮廷錄事 11]
　　　용례　不于是而致慎致審近日列邦測温度定堨器
　　　　　　之法暗符乎■黍積

~宛　　　　(1898.4.8)　　　　[宮廷錄事 11]
　　　용례　遑遑無計糊口號呼之聲顚連之狀宛若在耳
　　　　　　而在目不忍安寢而

外國語學校　(1895.4.17)　　　　[官廳事項 11]
　　　용례　四外國語學校專門學校技藝學校에關ᄒᄂᆫ
　　　　　　事項

外事　　　　(1906.2.19)　　　　[宮廷錄事 11]
　　　용례　第一條外事局에左開四課를置ᄒ야其事務

를分掌케홈이라

運命　　　(1898.5.24)　　　　[宮廷錄事 11]

　　　용례　詔曰特命全權公使成岐運命前往英德義各
　　　　　　　國便宜駐紮兼理使

遠慮　　　(1902.11.29)　　　　[官廷錄事 11]

　　　용례　批旨省箚具悉卿等之懇其在軆國深尤遠慮

元首　　　光武八年三月八日　[官廷錄事 11]

　　　용례　塗抹法而能得就緒乎鳴呼元首必明股肱必
　　　　　　　良庶事乃康細究從

倫理　　　(1900.9.7)　　　　　[宮廷錄事 11]

　　　용례　第一條中學校尋常科의學科ᄂ倫理讀書作
　　　　　　　文歷史地誌算術

音樂　　　(1898.9.23)　　　　[宮廷錄事 11]

　　　용례　日以二十九日至停朝市去刑戮禁屠殺斷音
　　　　　　　樂而禮葬吊祭依法

疑惑　　　(1900.11.2)　　　　[宮廷錄事 11]

　　　용례　訓令以致民情之疑惑該監理爲先免本任之
　　　　　　　意謹上

人權　　　(1894.7.6)　　　　　[宮廷錄事 11]

　　　용례　善島配罪人權鳳熙安孝濟定配罪人尹雄烈
　　　　　　　等卽爲放

引下　　　(1909.10.3)　　　　[宮廷錄事 11]

　　　용례　間信號를引下ᄒ고夜間에在ᄒ야ᄂ碇泊船
　　　　　　　과同一ᄒ燈

日当　　　(1894.8.22)　　　　[宮廷錄事 11]

　　　용례　号日当率百官亲上致词于

日照　　　　(1898.11.5)　　　　[宮廷錄事 11]
　　　　용례　拿不日照法無論當該大小官員苟或有毫絲
　　　　　　　掛宕容忍隱慝之獘

一着　　　　(1896.10.28)　　　　[宮廷錄事 11]
　　　　용례　也今民國之勢遑迫至此初不欲一着手而
　　　　　　　若是

立方　　　　(1905.3.29)　　　　[宮廷錄事 11]
　　　　용례　升六萬四千八百二十七立方分

立案　　　　(1905.3.1)　　　　[宮廷錄事 11]
　　　　용례　ᄒ야大臣官房의事務와審議立案을掌ᄒ고
　　　　　　　且各局課의事務

子爵　　　　(1906.6.27)　　　　[宮廷錄事 11]
　　　　용례　海軍大將子爵伊東祐亨

作者　　　　(1894.8.19)　　　　[宮廷錄事 11]
　　　　용례　一天下之本农为重各府州郡果有勤于耕种
　　　　　　　务本力作者地方

長方形　　　(1897.5.18)　　　　[宮廷錄事 11]
　　　　용례　品質은紅絨金線이요形式은長方形이니其
　　　　　　　中心表章은大禮肩

裁斷　　　　(1909.12.28)　　　　[宮廷錄事 11]
　　　　용례　를擅离홈으로政府法令의布施가澁滯ᄒ며
　　　　　　　人民诉愿의裁斷이

財政　　　　(1905.12.31)　　　　[宮廷錄事 11]
　　　　용례　第五條歲入歲出의總豫算은前年度帝室財
　　　　　　　政會議開議時

全權　　　　(1904.9.27)　　　　[宮廷錄事 11]
　　　　　　용례　詔曰命學部大臣李載克兼任特命全權公使
　　　　　　　　　辦理公使閔衡植爲

專制政治　　(1898.11.26)　　　　[宮廷錄事 11]
　　　　　　용례　礎不能鞏固專制政治有所墮捐決非爾等忠
　　　　　　　　　愛之素志王章森嚴

電車　　　　(1907.3.19)　　　　[宮廷錄事 11]
　　　　　　용례　毁撤俾爲電車出入之線路元定門路一任人
　　　　　　　　　民來往恐無紛挐雜

折衝　　　　(1894.8.7)　　　　[宮廷錄事 11]
　　　　　　용례　記荏子島僉使林奉雲作窠代折衝金東肅差
　　　　　　　　　下單望後

定款　　　　(1906.3.24)　　　　[宮廷錄事 11]
　　　　　　용례　第十七條農工銀行은定款에定ㅎㄴ바에隨
　　　　　　　　　ㅎ야農工債務을

政權　　　　(1909.12.28)　　　　[宮廷錄事 11]
　　　　　　용례　議政府贊政權在衡等改名疏

定年　　　　光武六年十月二十一日　[宮廷錄事 11]
　　　　　　용례　개정년월등으로나옴

停年　　　　(1904.9.27)　　　　[宮廷錄事 11]
　　　　　　용례　親臨ㅎㄴ例가됨으로實役停年

情報　　　　(1895.6.5)　　　　[宮廷錄事 11]
　　　　　　용례　臺灣情報

整備　　　　(1905.4.26)　　　　[宮廷錄事 11]
　　　　　　용례　整備ㅎ야日本國通信機關과

定義　　　(1900.7.10)　　　　[宮廷錄事 11]
　　　　　용례　定義君明孝

題目　　　光武九年三月四日　[宮廷錄事 11]
　　　　　용례　革命血約書爲題目該約書中道者上項五條
　　　　　　　　件次書權浩善及矣

尊皇　　　(1898.10.14)　　　　[宮廷錄事 11]
　　　　　용례　詔曰九重深嚴出入有常者所以尊皇居而杜

罪囚　　　(1905.3.31)　　　　[宮廷錄事 11]
　　　　　용례　右는該員이罪囚에大ㅎ야語言過中ㅎ고

主務者　　(1907.3.12)　　　　[宮廷錄事 11]
　　　　　용례　第二十條公文書類는主務者가調査ㅎ는時
　　　　　　　　外에는一定ㅎ處

中宮　　　(1905.8.21)　　　　[宮廷錄事 11]
　　　　　용례　批旨省疏具悉所辭中宮內署理之任依施事

重役　　　(1909.8.27)　　　　[宮廷錄事 11]
　　　　　용례　本銀行의重役及使用人은法定代理人될境
　　　　　　　　遇外如何ㅎ境遇

重任　　　(1896.9.21)　　　　[宮廷錄事 11]
　　　　　용례　私之時何可以无妄遽解重任乎卿其調理
　　　　　　　　視務

中佐　　　(1909.7.14)　　　　[宮廷錄事 11]
　　　　　용례　副長全中佐渡邊仁太郎

地主　　　(1902.11.26)　　　　[宮廷錄事 11]
　　　　　용례　난境遇에는每把에銅貨十錢式資主가地主
　　　　　　　　의게交付홀事

直角　　　　(1908.9.7)　　　　　[宮廷錄事 11]
　　　　용례　印板은一箇의直角四邊形의版面에彫刻ᄒ
　　　　　　　야製作홈이可홈

織造　　　　(1904.9.27)　　　　　[宮廷錄事 11]
　　　　용례　第十五條織造所ᄂ軍用의需要ᄒ絨屬織造
　　　　　　　와被服을制造ᄒ

震災　　　　(1906.6.25)　　　　　[宮廷錄事 11]
　　　　용례　駐在桑港日本領事의罹災調査書를据ᄒ즉
　　　　　　　曩者震災에韓國民

質量　　　　(1905.3.29)　　　　　[宮廷錄事 11]
　　　　용례　第三條衡의原器ᄂ白金製의分銅이니其質
　　　　　　　量四百分의十五

徵兵　　　　(1902.12.31)　　　　[宮廷錄事 11]
　　　　용례　之備有年矣而各国徵兵之規頗合于古其詳
　　　　　　　密乃有加焉陸海軍

差等　　　　(1905.7.25)　　　　　[宮廷錄事 11]
　　　　용례　上聲去聲은右加一點我東俗音에上去聲離
　　　　　　　別노差等이無함이라고平入兩聲

差別　　　　(1901.1.2)　　　　　[宮廷錄事 11]
　　　　용례　穆淸殿上梁文制述官書寫官憲板書寫官實
　　　　　　　預差別單入之意

差出　　　　(1900.9.31)　　　　　[宮廷錄事 11]
　　　　용례　官員中差出何如謹上

參考　　　　(1902.12.31)　　　　[宮廷錄事 11]
　　　　용례　天永命令掌礼院參考已例磨練儀節饌品務

参政　　　　(1894.11.26)　　　　[宮廷錄事 11]
　　　　　용례　赠从一品崇政大夫议政府参政兼弘文馆大
　　　　　　　　学士

呎　　　　　(1905.12.21)　　　　[宮廷錄事 11]
　　　　　용례　第七條　軌道幅員은特許를得ᄒ外에ᄂ總히
　　　　　　　　四呎八时半으로

天才　　　　光武八年十一月十一日　[宮廷錄事 11]
　　　　　용례　諸節易天才受損此時節宣保嗇宜倍平日伏
　　　　　　　　愿亟許前請以副

天皇　　　　(1909.6.23)　　　　[宮廷錄事 11]
　　　　　용례　ᄒ엿스나貴統監이朕의敬愛ᄒᄂ貴天皇陛
　　　　　　　　下의大命을奉承

青年　　　　(1894.8.19)　　　　[宮廷錄事 11]
　　　　　용례　皇太子殿下게읍셔青年会馆에臨御ᄒ옵실

枢密院　　　(1906.8.17)　　　　[宮廷錄事 11]
　　　　　용례　长若■礼次郎特叙勋一等内阁书记官南弘
　　　　　　　　枢密院书记官河村

出荷　　　　(1901.1.2)　　　　[宮廷錄事 11]
　　　　　용례　出荷恩ᄒ니治宜報答홈

取消　　　　(1901.1.2)　　　　[宮廷錄事 11]
　　　　　용례　第六十一條上訴가有理홈으로決ᄒᄂ時ᄂ
　　　　　　　　原判決을取消ᄒ

取調　　　　(1905.3.29)　　　　[宮廷錄事 11]
　　　　　용례　第三十一條度量衡器의修理者及使用者ᄂ
　　　　　　　　取調ᄒ기爲ᄒ야

治安　(1898.10.21)　　　[宮廷錄事 11]
　용례　會彼護若有不依規矩如前恣橫隨衆逐隊妨
　　　　害治安者嚴行禁戢

打算　(1894.11.26)　　　[宮廷錄事 11]
　용례　以歇价打算仮如物价无过几千两以几万两
　　　　悬价低昻幻弄不一

誕育　(1900.8.6)　　　[宮廷錄事 11]
　용례　元宗大王均無誕育之恩而

彈劾　(1899.1.6)　　　[宮廷錄事 11]
　용례　一勅任以下官員及士庶人如欲彈劾必須證
　　　　據確鑿然後具案

通義　(1900.10.1)　　　[宮廷錄事 11]
　용례　第七十四條國家의常典이나人民의通義를
　　　　違背ᄒ야公益私

版權　(1908.9.7)　　　[宮廷錄事 11]
　용례　明治二十六年法律第十六號版權法明治二
　　　　十年勅令第七十

解決　(1899.1.23)　　　[宮廷錄事 11]
　용례　挽卿亦云屢矣而一直求解決非所期也所愼

行先　(1894.8.22)　　　[宮廷錄事 11]
　용례　为吉云以此日时举行先告事由祭同日晓头
　　　　设行告

向後　(1898.1.6)　　　[宮廷錄事 11]
　용례　向後及

憲兵隊　(1905.4.21)　　　[宮廷錄事 11]
　용례　第一條憲兵司令官은全國憲兵隊를統轄ᄒ야

玄關   (1909.12.27)   [宮廷錄事 11]
          용례 處所는 仁政殿玄關

現行犯   (1901.1.2)   [宮廷錄事 11]
          용례 軍裁判官에게告發ㅎ며現行犯은逮捕ㅎ야
               陸軍檢察官이나

協贊   (1909.12.28)   [宮廷錄事 11]
          용례 批旨省疏具悉協贊寄重何可遞解所辭中署

荒涼   (1902.12.31)   [宮廷錄事 11]
          용례 卿之此擧誠為過矣江郊荒涼氷雪纏綿寒候

12. 官廳事項 및 彙報

●포라   (1909.3.16)   [産業 12]
　　　　　　　　용례　水原林業事務所는京畿道水原郡에在ㅎ야
　　　　　　　　　　　農林學校

價格   (1905.6.26)   [警察 12]
　　　　　　　　용례　第九條本證券의式樣發行價格應募金通請
　　　　　　　　　　　期日應募金辦納

가다루쌔   (1909.3.16)   [産業 12]
　　　　　　　　용례　水原林業事務所는京畿道水原郡에在ㅎ야
　　　　　　　　　　　農林學校

가루호루니야   (1908.9.15)   [産業 12]
　　　　　　　　용례　麥收量報告一、小麥가루호루니야

家庭   (1901.1.2)   [彙報 官廳事項 12]
　　　　　　　　용례　水原郡守金容鎭克守家庭之淸範ㅎ야愛祛
　　　　　　　　　　　吏民之痼瘼ㅎ니英

家出   (1905.5.3)   [官廳事項 12]
　　　　　　　　용례　於死者之家出嫁喪夫死者使之收適矣犯者
　　　　　　　　　　　謂以義女計欲奪

簡略   (1895.10.11)   [官廳事項 12]
　　　　　　　　용례　흔事件으로信認ㅎ니左에簡略을爲主ㅎ야

其梗概를記述ᄒ겟

幹部　　(1896.10.24)　　　　[官廳事項 12]
　　용례　來十二月에新設ᄒᆯ陸軍鐵道隊ᄂᆫ本年에ᄂᆫ
　　　　　爲先幹部와一中隊

幹線　　(1896.6.22)　　　　　[雜事 12]
　　용례　과巴里間의電話線과法國內地幹線을連結
　　　　　ᄒᆯ事에關ᄒ야方今

看護　　(1904.9.27)　　　　　[官廳事項 12]
　　용례　看護卒

監査　　(1905.9.6)　　　　　[官廳事項 12]
　　용례　監事ᄂᆫ會社의業務를監査홈이라

鑑査　　(1905.3.8)　　　　　[官廳事項 12]
　　용례　藥品製鍊鑑査及調製를掌理홈이라

減殺　　(1909.4.3)　　　　　[官廳事項 12]
　　용례　過當홈으로써相當ᄒᆫ額에減殺ᄒ야金四千
　　　　　二百四十二圓七十

開墾　　(1894.8.22)　　　　　[官廳事項 12]
　　용례　(1906.義新王宮代理仝龍川郡西面沼浦開墾
　　　　　條件違背

開發　　(1905.11.7)　　　　　[官廳事項 12]
　　용례　見之可以開發朕心而座談竟不若面陳之詳

居留　　(1894.8.22)　　　　　[官廳事項 12]
　　용례　八八忠淸南道木川郡南面砂金八八、一三
　　　　　五坪京城町一丁目番外地小森虎吉木浦港
　　　　　各国居留地東海岸通一丁目木村健夫八月

十二日砂矿采取请愿의许可

建築 (1905.9.6)   [宮廳事項 12]

용례 第十八條倉庫의建築構造並營業의方法에
  關ᄒ야ᄂᆫ度支部

檢案 (1898.8.8)   [官廳事項 12]

용례 金化郡守李源根猾胥舞文을每欲明察ᄒ고
  檢案遣辭도亦必

檢討 (1902.12.31)   [司法 12]

용례 朴化成仮称巡檢討財罪懲役■年減一等二
  年半

激痛 光武八年六月二十三日 [司法 12]

용례 餙詐之說都無辦納之意故爲官刷逋之地不
  勝憤激痛嘆初七日

見聞 (1898.8.1)   [司法 12]

용례 第四條職務上에見聞ᄒᄂᆫ事件은他에漏泄
  치勿ᄒᄂᆫ事

見積 (1894.8.22)   [官廳事項 12]

용례 入札保証金은各其見積價格百分의五以上
  (圜未滿切上)

堅持 (1900.9.3)   [官廳事項 12]

용례 警省附牘之來滿紙張皇愈往堅持其日所守

決心 (1908.1.11)   [司法 12]

용례 今幸蒙放則投入我黨ᄒ라ᄒ고無數恐喝ᄒ
  되矣身이決心不遵

警務官 (1907.3.11)   [官廳事項 12]

용례 四警務官會議에關ᄒ事項

警部　　　　　(1909.7.27)　　　　　[官廳事項 12]
　　　　　　용례　給八級俸(七月五日內部)警部三浦紬

警備　　　　　(1907.3.12)　　　　　[官廳事項 12]
　　　　　　용례　受信者姓名을登記ᄒ야警備使에게抵ᄒᄂ
　　　　　　　　　書ᄂ

~係　　　　　(1900.10.1)　　　　　[官廳事項 12]
　　　　　　용례　致而該員係是曾經　勅任官故依刑律名例第
　　　　　　　　　二十八條ᄒ

階級　　　　　(1900.10.1)　　　　　[官廳事項 12]
　　　　　　용례　에게ᄂ軍人等級을依ᄒ야加ᄒ고階級이相
　　　　　　　　　等ᄒ거나下된者

契約　　　　　(1908.9.7)　　　　　[官廳事項 12]
　　　　　　용례　此契約은漢城衛生會實行委員長若林賚藏
　　　　　　　　　이擔當홈

系統　　　　　(1908.1.11)　　　　　[學事 12]
　　　　　　용례　畜牝年齡病發轉轉歸發生原因及系統防疫
　　　　　　　　　處置及傳播의狀

告白　　　　　(1894.8.19)　　　　　[司法 12]
　　　　　　용례　被告白南弼供称伊日以电话番으로在于周
　　　　　　　　　番室矣러니各中队

골덴메론　　　(1908.9.15)　　　　　[産業 12]
　　　　　　용례　二、春蒔大麥

골레수본된수　(1908.6.6)　　　　　[産業 12]
　　　　　　용례　農工銀行에셔代理店을設置ᄒ거나又ᄂ(골
　　　　　　　　　레수본된수)롤締結코져ᄒᄂ時ᄂ

空間　　　　　(1899.7.4)　　　　　[司法 12]
　　　　　　용례　李昌根因天雨要積二駄柴於倉內空間故仍
　　　　　　　　許之矣不意本年陰

公理　　　　　(1899.8.2)　　　　　[官廳事項 12]
　　　　　　용례　襄陽郡守趙觀顯妙年發軔에劇地恢刃이라
　　　　　　　　據公理而周詳聽訟

公立學校　　　(1895.4.17)　　　　[官廳事項 12]
　　　　　　용례　四公立學校職員의進退身分에關ㅎᄂ事項

公文書　　　　(1907.3.11)　　　　[官廳事項 12]
　　　　　　용례　公文書의編纂保存統計及書類管守에關ㅎ
　　　　　　　　事項

公報　　　　　(1901.1.2)　　　　　[官廳事項 12]
　　　　　　용례　事公報審理則被告俱稱自昨年以來往往有
　　　　　　　　成狂之心本年陰曆

控訴　　　　　(1909.11.1)　　　　[司法 12]
　　　　　　용례　控訴의申陳이有ㅎ時ᄂ判決裁判所ᄂ理由
　　　　　　　　書를作成ㅎ야記錄과共히此를控訴裁判所
　　　　　　　　에送致홈이

工業　　　　　(1905.5.29)　　　　[官廳事項 12]
　　　　　　용례　第十節農商工業違犯律

公園　　　　　(1906.7.12)　　　　[官廳事項 12]
　　　　　　용례　第六條鐵道軌道道路運河河沼池隄塘社寺
　　　　　　　　境內地公園地

工場　　　　　(1908.9.7)　　　　　[官廳事項 12]
　　　　　　용례　土地登記簿、家屋登記簿、工場財團登記
　　　　　　　　簿、鑛業財團登記簿

公衆 (1895.4.17) [官廳事項 12]
용례 一傳染病地方病의豫防及種痘其他一切公
衆衛生에關ᄒᆞᄂᆞᆫ事項

共進會 (1905.1.11) [司法 12]
용례 共進會長李儶會員尹夏榮羅裕錫尹孝定四
人捆捉押交等因該

共和 (1896.11.21) [官廳事項 12]
용례 亞爾然丁共和國에셔來住民數라

恐慌 (1908.9.28) [財政 12]
용례 ○歐美諸國貿易의減退昨年에係ᄒᆞᆫ紐育의
恐慌은同國과金

管理人 (1909.9.25) [司法 12]
용례 第七條市場管理人은市場의開市日及其放
賣價格을開市마

官舍 (1905.5.29) [官廳事項 12]
용례 第四百四十九條各地方官舍地界內에犯葬
ᄒᆞᆫ者ᄂᆞᆫ左開에依

管制 (1895.4.19) [官廳事項 12]
용례 朕이漢城師範學校管制ᄅᆞᆯ裁可ᄒᆞ야頒布케
ᄒᆞ노라

官厅 (1902.12.31) [官廳事項 12]
용례 第十五条各郵遞司와外他各官厅과一般人
民으로셔郵遞에

教科用圖書 (1895.4.21) [官廳事項 12]
용례 一教科用圖書의飜譯에關ᄒᆞᄂᆞᆫ事項

交流　　　　(1905.4.17)　　　　[官廳事項 12]
　　　　　　용례　度支部에셔請議ᄒ 平安南道觀察府外國人
　　　　　　　　交流所不恒費一千

教授　　　　(1895.6.2)　　　　[司法 12]
　　　　　　용례　第四條教授ᄂ 學部奏任官으로兼任케ᄒ니
　　　　　　　　生徒課業에關

究理　　　　(1901.1.2)　　　　[司法 12]
　　　　　　용례　糊擧訴蓋其指使云云無乃出于其弟之庇設
　　　　　　　　衾情究理此無足深

拘引　　　　(1909.4.3)　　　　[司法 12]
　　　　　　용례　務署에在勤인바巨額公錢을欠逋ᄒ야警察
　　　　　　　　署에拘引이라ᄒ

購入　　　　(1896.1.21)　　　　[官廳事項 12]
　　　　　　용례　官以下俸給中으로支出ᄒ미妥當ᄒ고其他
　　　　　　　　書冊購入費ᄂ 廳

構造　　　　(1905.9.6)　　　　[官廳事項 12]
　　　　　　용례　第十八條倉庫의建築構造並營業의方法에
　　　　　　　　關ᄒ야ᄂ 度支部

驅打　　　　(1904.9.30)　　　　[司法 12]
　　　　　　용례　李德淸驅打罪

國語　　　　(1894.8.7)　　　　[官廳事項 12]
　　　　　　용례　奏處國語學校長李圭桓職在校長之任校務
　　　　　　　　上有所未能周察至

國際的　　　(1905.12.16)　　　　[官廳事項 12]
　　　　　　용례　仲介에由치아니ᄒ고國際的性質을有ᄒᄂ

國債　　　　　(1895.5.30)　　　　　[官廳事項 12]

　　　용례　其中十四億九千五百萬法은國債還償이오

國會　　　　　(1898.10.21)　　　　[彙報 12]

　　　용례　不過共同講談之稱也國會者國家之公立乃
　　　　　　國民利害議決之所

軍樂長　　　　(1904.9.27)　　　　　[官廳事項 12]

　　　용례　第十九條一等軍樂手의軍樂長補에進級홈
　　　　　　은實役停年最下

軍艦　　　　　開國五百四年六月四日　[官廳事項 12]

　　　용례　漁采制鹽等의認許와軍艦及公用物品機器
　　　　　　의托造購入과顧問

權利　　　　　(1900.10.1)　　　　　[官廳事項 12]

　　　용례　知ᄒ거나權利不及홀區域에在ᄒ時ᄂ此限
　　　　　　에不在홈이

權限　　　　　(1902.12.31)　　　　[司法 12]

　　　용례　有中隊長命令而然署務自有直報之權限受
　　　　　　其中隊長節制云者

貴重　　　　　(1908.9.28)　　　　　[彙報 12]

　　　용례　업시此를貴重品이라ᄒ야取扱ᄒᄂ니卽其
　　　　　　二本을頸의兩側ᄋ

規模　　　　　(1898.8.10)　　　　　[彙報 12]

　　　용례　規模홈

禁烟　　　　　(1899.1.31)　　　　　[官廳事項 12]

　　　용례　銈山郡守崔鼎獻雅出其規慈諒爲治禁技禁
　　　　　　烟奸豪屛跡홈

金融　　　(1905.9.6)　　　　　[官廳事項 12]

용례　衆을爲ᄒ야物品을倉庫에保管ᄒ고且金融
의便利를圖謀홈

金錢出納　(1895.4.23)　　　　[官廳事項 12]

용례　一經費豫筭及金錢出納에關ᄒᄂ事項

今回　　　(1894.8.22)　　　　[雜事 12]

용례　로今回學務委員規程準則을左와如히定ᄒ
所以이라觀察使及

機動演習　(1906.5.25)　　　　[官廳事項 12]

용례　一大演習及機動演習時

起床　　　(1906.12.13)　　　[官廳事項 12]

용례　至此處有崔兵之威协末乃不得已许之矣时
间已趁起床故催促

汽船　　　(1907.3.7)　　　　　[雜事 12]

용례　一何月何日釜山或某國某港에서鮮纜ᄒ야
(何汽船)某洋을

雜事　　　(1900.12.29)　　　[彙報 12]

용례　囑託假稱主人之言期成認許以開拓費留任
一萬元語不近理各

技藝學校　(1905.2.28)　　　　[官廳事項 12]

용례　四外國語學校專門學校技藝學校에關ᄒ
事項

基質　　　(1901.1.2)　　　　　[司法 12]

용례　奏下而接准陸軍法院長白性基質稟書內開
被告康漢弼案件由

喫煙　(1908.9.28)　[産業 12]
　　　용례　道名郡數總人員喫煙人員喫煙重量

樂隊　(1906.1.31)　[官廳事項 12]
　　　용례　軍樂隊二等軍樂長白禹鏞이가(1905.十二月
　　　十日에父尤를

內相　(1894.8.15)　[官廳事項 12]
　　　용례　面歸化其勞可尚依狀請道內相當守令待窠
　　　差送以爲

內申　(1894.11.26)　[官廳事項 12]
　　　용례　官報第二千六百■十二号叙任及辞令欄内
　　　申在诏下의正■品

內情　(1895.9.13)　[官廳事項 12]
　　　용례　淸國政府의內情은遼東半嶋還附에對ᄒ報
　　　酬라ᄒ고二三千万

農民　(1896.2.10)　[彙報 12]
　　　용례　舊弊를深鑑ᄒ야兩江에土着ᄒ農民으로新
　　　募ᄒ야

農作物　(1908.9.28)　[官廳事項 12]
　　　용례　部卽農作物이니農作物은商業的이아니오
　　　確實ᄒ著實的事業

蛋白質　(1909.10.4)　[産業 12]
　　　용례　産地水分油分織維炭水化物蛋白質灰分

短銃　(1905.4.22)　[雜事 12]
　　　용례　第四條憲兵隊下士上等兵은帶刀ᄒᄂ니或
　　　短銃을兼用흠이

擔保 (1905.6.26) [司法 12]
용례 第八條本證券元利金의償還은國庫金收入
으로優先에擔保

~当 (1894.8.22) [官廳事項 12]
용례 ᄒ야各히相当의管轄区裁判所가行ᄒ者로
看做ᄒ고从来의

当番 (1894.8.22) [官廳事項 12]
용례 队长이依命令聚立士卒于队庭이온바此际
에大队长当番兵이

大粒 (1909.10.14) [彙報 12]
용례 日本種鶴子、吉岡大粒等은秋分前月에旣
히收穫ᄒ고

大元帥 (1898.6.29) [官廳事項 12]
용례 今日急先之務也依各國大元帥例朕親統陸

代議士 (1895.8.10) [官廳事項 12]
용례 列國代議士會事務局의計算報告와一千八
百九十六年該會議

度量衡 (1908.1.25) [官廳事項 12]
용례 度量衡器輸入及販賣에關ᄒ事項

圖書 (1900.10.1) [官廳事項 12]
용례 五攻守에用홀圖書나軍號나記號나秘密ᄒ
兵器彈藥의製

稻作 (1909.9.15) [産業 12]
용례 興附近에降雹가有ᄒ야其積이寸餘에及ᄒ
바稻作이正히開

豚肉　　　　　(1908.9.28)　　　　　[産業 12]
　　　용례　盛히豚肉을英獨에輸出홈에至ᄒ니라

突貫　　　　　(1908.9.28)　　　　　[産業 12]
　　　용례　擊을試ᄒ야一步도退却지말고銳意突貫ᄒ
　　　　　야敵으로謀를迴

突然　　　　　(1908.9.7)　　　　　[産業 12]
　　　용례　突然暖雨를逢ᄒ면地表가急히解氷되얏다
　　　　　가日을不經ᄒ

動作　　　　　(1900.8.15)　　　　　[司法 12]
　　　용례　元漸竭心神昏瞀臂脚攣瘻房闥動作亦須人
　　　　　扶將以此貌樣豈有

두루미리　　　(1908.9.15)　　　　　[産 業 12]
　　　용례　麥收量報告一、小麥

마ㅣ딘스아무비ㅣ　(1908.9.15)　[産 業 12]
　　　용례　麥收量報告一、小麥

賣却　　　　　(1905.7.15)　　　　　[彙報 12]
　　　용례　認ᄒ者에만限ᄒ야支出命令을發홈이可홈
　　　　　但賣却物

面會　　　　　(1905.11.11)　　　　　[官廳事項 12]
　　　용례　五何時라도委託ᄒ刑事被告人과面會홈을
　　　　　得ᄒᄂ事

冒險　　　　　(1894.11.11)　　　　　[官廳事項 12]
　　　용례　營執事嚴泰永施賞當否令該衙門稟處爲辭
　　　　　矣冒險突

目録　　　　　(1909.12.28)　　　　　[官庁事項 12]
　　　용례　딤凡于軍人查辦과軍民交渉訴訟等規式에

无不詳備ᄒ고目錄

文學　　　　　(1898.8.3)　　　　　[官廳事項 12]
　　　　　　용례　密陽郡守李命植資之文學에發爲政事ᄒ니
　　　　　　　　　無事不宜ᄒ며無

微風　　　　　(1909.9.8)　　　　　[産業 12]
　　　　　　용례　本年二百十日當日은曇天兼微風이有ᄒ얏
　　　　　　　　　고午后二時에至

民權　　　　　(1896.11.27)　　　　　[司法 12]
　　　　　　용례　民數百名을稱以民權과自由黨이라ᄒ고受
　　　　　　　　　名列錄ᄒ야內部에

民事訴訟法　　(1894.7.11)　　　　　[官廳事項 12]
　　　　　　용례　仝十四日(自午前十時民法(自午後一時民事
　　　　　　　　　訴訟法

民主　　　　　光武八年一月十八日　[官廳事項 12]
　　　　　　용례　以民主政治國請得世界各國承認法美兩國
　　　　　　　　　業經承認請煩貴公

博覽會　　　　(1905.3.1)　　　　　[官廳事項 12]
　　　　　　용례　二博覽會에關ᄒ事項

反面　　　　　(1909.8.16)　　　　　[産業 12]
　　　　　　용례　十一時間을無斷히降下ᄒ야其量二百四十
　　　　　　　　　一耗(一反面의

半分　　　　　(1898.11.17)　　　　　[産業 12]
　　　　　　용례　有一半分可强之道忍承此敎徒篩虛讓不

半生　　　　　(1905.5.18)　　　　　[司法 12]
　　　　　　용례　罪之計逼勒半生半死之忠玉國玄隨問誣服

懲■誣證揑做綱常

班長　　光武八年六月二十四日　[司法 12]

　　용례　鐵道監部建筑班長鐵道技師加藤勇幷特敍

　　　　　勳三等賜八卦章臨

發賣　　(1905.3.29)　　　　[官廳事項 12]

　　용례　야發賣ᄒᆞᄂᆞᆫ者ᄂᆞᆫ特히檢定을受ᄒᆞᆯ事

防止　　(1908.1.11)　　　　[司法 12]

　　용례　ᄒᆞ야ᄂᆞᆫ此를防止ᄒᆞᄂᆞᆫ上奏를ᄒᆞᄌᆞᄒᆞ야翌二

　　　　　十日에一同히石

配當　　(1905.9.6)　　　　　[司法 12]

　　용례　付ᄒᆞ거ᄂᆞ一定ᄒᆞᆫ年限을限ᄒᆞ야相當ᄒᆞᆫ配當

　　　　　金(分排金)을補

賠償　　(1901.1.2)　　　　　[官廳事項 12]

　　용례　三賠償의義務를免ᄒᆞᆫ證書

白書　　(1902.12.31)　　　　[司法 12]

　　용례　朴老味白書搶奪罪役■年

罰金　　(1906.7.12)　　　　[官廳事項 12]

　　용례　二移民處辦人又代理人若代表者가指定ᄒᆞᆫ

　　　　　期限內에罰金

法人　　(1909.2.9)　　　　　[官廳事項 12]

　　용례　五法人이解散ᄒᆞᆯ時

辯護士　(1905.11.11)　　　　[官廳事項 12]

　　용례　辯護士ᄂᆞᆫ民事當事者나刑事被告人의委任

　　　　　을依ᄒᆞ야

保健　　(1908.1.11)　　　　[官廳事項 12]

　　용례　第五條衛生局에保健課及醫務課를實홈

步兵　　　　(1909.7.31)　　　　[官廳事項 12]
　　　　　　용례　近衛步兵隊編制件

保安　　　　(1894.8.19)　　　　[官廳事項 12]
　　　　　　용례　域森林保安林

普請　　　　(1899.12.19)　　　　[司法 12]
　　　　　　용례　還御于景福宮之意爲言云前此金必濟對尹
　　　　　　　　　濟普請繪給闕

簿記　　　　(1905.3.1)　　　　[司法 12]
　　　　　　용례　第八條參書官은摠裁의命을承ㅎ야一應簿
　　　　　　　　　記의保管과各項

부리단이/단이 (1909.11.20)　　　　[産業 12]
　　　　　　용례　「부리단이、야메달」及他類에屬치아니ㅎ
　　　　　　　　　其製品과彫鏤品

副社長　　　　(1905.10.31)　　　　[産業 12]
　　　　　　용례　二副社長一人

腐敗　　　　(1909.9.15)　　　　[官廳事項 12]
　　　　　　용례　一飮食의生冷과菓類의未熟及魚肉等의腐
　　　　　　　　　敗ㅎ者는一切

憤怒　　　　(1901.1.2)　　　　[官廳事項 12]
　　　　　　용례　又斫松偸葬矣死者憤怒一場恐動犯者內懷
　　　　　　　　　戕殺之計謂以其

分析　　　　(1900.10.1)　　　　[官廳事項 12]
　　　　　　용례　第四章名稱分析

体操　　　　(1906.8.17)　　　　[官廳事項 12]
　　　　　　용례　体操三普通体操兵式体操三全上三全上三

仝上

分解 (1908.9.28) [司法 12]

용례 을除去ᄒᆞ며移轉、分解又ᄂᆞᆫ其裝置를變更
ᄒᆞᆷ이可치못ᄒᆞᆷ但

比較的 (1909.9.8) [産業 12]

용례 其生育이順適ᄒᆞ며病虫害ᄂᆞᆫ比較的些少ᄒᆞ
야目下의作形이

悲劇 (1905.7.1) [産業 12]

용례 批旨省疏具悉職旣悲劇病未必言卿其勿辭
行公

沸点 (1906.5.14) [彙報 12]

용례 七脂肪과■과油類의比重과粘度와凝点과
融点과沸点과

師範 (1909.7.9) [雜事 12]

용례 學部令第三號師範學校令施行規則

司法 (1898.8.1) [彙報 12]

용례 第十五條統計人民保護ᄒᆞᄂᆞᆫ事項은行政司
法警察과衛生事

査閱 (1905.4.14) [事務及官吏黜陟 12]

용례 第十七條主務副官은到着ᄒᆞᆫ文書를査閱ᄒᆞ야

社長 (1905.10.31) [司法 12]

용례 一社長一人

事態 (1908.5.9) [司法 12]

용례 가有ᄒᆞᆯ時ᄂᆞᆫ其事態에應ᄒᆞ야防制救護及急
報의措置를行ᄒᆞᆷ

散文   (1907.9.21)   [司法 12]

용례 인바矣身은粗散文字故로书记로随行이라 ᄒᆞ며被告曹圭鉉은

挿木   (1898.2.7)   [司法 12]

용례 宋致模勒掘罪林尙九挿木人墳罪

相談   (1908.9.28)   [産業 12]

용례 要흠今에旣히此等에關ᄒᆞ야考案中임으로 不日更히相談ᄒᆞᆯ時

商民   (1905.6.30)   [官廳事項 12]

용례 法國商民컨톤쓰來言閔泳尉車泳尉處物件

上品   (1909.1.9)   [警務廳公文 12]

용례 에御下陸ᄒᆞ사本港上品陳列所에御歷林觀 覽ᄒᆞᆸ시고同

商品   (1896.3.18)   [彙報 12]

용례 印刷物及印札이八千二百九十万이오商品 看色이一千五百四十万

上行   (1905.10.26)   [官廳事項 12]

용례 號宮廷錄事欄內重建都監奏本中欽文閣上 行의

生徒   (1894.8.19)   [雜事 12]

용례 第二条生徒의教育은此를分ᄒᆞ야教授及训 育이라ᄒᆞ며其纲

生水   (1905.5.3)   [司法 12]

용례 生水之妻也而與正犯林今石和姦移情以酒 肉勸本夫待其醉

生涯　　　　(1908.3.31)　　　　[司法 12]
　　　　용례　自解散以後에生涯沒策ㅎ야錢兩得債次로
　　　　　　　前往于益山冠洞李

生活力　　　(1908.9.7)　　　　　[産業 12]
　　　　용례　고葉枯ㅎ야莖의下部만生活力을保有ㅎ는
　　　　　　　디二月下旬에

書記　　　　(1904.8.30)　　　　[官廳事項 12]
　　　　용례　書記五人下士或判任文官

線路　　　　(1905.12.21)　　　　[官廳事項 12]
　　　　용례　一線路用地其幅員은築堤開鑿橋梁等工事
　　　　　　　의必要를

扇子　　　　(1909.11.20)　　　　[司法 12]
　　　　용례　第六十二類扇子及團扇類

成行　　　　(1905.11.10)　　　　[司法 12]
　　　　용례　不可無勞慰之典陸軍中將三好成行特叙勳
　　　　　　　一等賜太極章陸軍

訴狀　　　　(1902.12.31)　　　　[司法 12]
　　　　용례　訴狀親衛第一聯隊第■大隊小隊長陸軍副
　　　　　　　尉李晳煥有刑事

訴訟法　　　(1906.2.5)　　　　　[官廳事項 12]
　　　　용례　民法民事訴訟法刑法刑事訴訟法

小兒科　　　(1909.11.30)　　　　[官廳事項 12]
　　　　용례　內科、外科、眼科、産科、婦人科、耳鼻咽
　　　　　　　喉科、小兒科

少佐　　　　(1909.7.14)　　　　[官廳事項 12]
　　　　용례　日本國步兵第三十六旅團長陸軍少佐須永

武義

收得 (1895.9.14)   [官廳事項 12]

용례 生砂糖四十五萬噸를收得ㅎ미無疑ㅎ고且
右二品의販路을擴

修理 (1905.3.29)   [官廳事項 12]

용례 一修理所位置及構造

手腕 光武五年六月一日   [司法 12]

용례 該尸則左右腮頰右臀與右手腕等處略有傷
痕皆非緊重之部傷

收容 (1907.1.26)   [雜事 12]

용례 港稅에關ㅎ야는第六號書式을依ㅎ야擔保
品、收容貨物、無

獸醫 (1906.4.2)   [官廳事項 12]

용례 陸軍獸醫正木村典幷特敍勳三等各賜太
極章

輸入 (1909.12.28)   [官廳事項 12]

용례 一外国에셔輸入ㅎ는物品見本

手打 (1901.1.2)   [司法 12]

용례 外套與長靴故誘兒作伴而至城北洞無人處
以手打其煩又以革

巡査 (1894.8.19)   [官廳事項 12]

용례 內部令第四號警察署分署巡査駐在第四千
百三上全

스베시오싸 (1909.3.16)   [産業 12]

용례 水原林業事務所는京畿道水原郡에在ㅎ야

農林學校

스ㅣ로●스 (1909.3.16)　　　　　[産業 12]
용례　水原林業事務所\는京畿道水原郡에在ᄒ야
農林學校

試驗 (1902.12.31)　　　　　[学事 12]
용례　光武七年一月二十■日官立漢語学校弟■
回卒業試驗榜

身代 (1909.10.4)　　　　　[司法 12]
용례　者又\는身代限의處分을受ᄒ야債務의辨償
을不了ᄒ者

申立 光武八年三月十四日　[司法 12]
용례　而抄錄如乙未事變如丙申立春誅逆之事如

実績 (1902.12.31)　　　　　[官庁事項 12]
용례　永川郡守李章熔克遵家規何有邑治既許綜
敬可期実績

實行 (1905.12.16)　　　　　[官廳事項 12]
용례　韓國과他國間에現存ᄒ\는條約의實行

十字路 (1894.8.19)　　　　　[官廳事項 12]
용례　■道傍十字路上ᄒ야徒众을指挥ᄒ얏더니
该徒가诓恸ᄒ야李

案出 (1899.4.22)　　　　　[司法 12]
용례　李存相幷具供案出於列錄之沈基浩丁奎會
慶賢秀亦一切押交

夜前 (1906.1.10)　　　　　[司法 12]
용례　名乘夜前往本府長串洞金殷吉家欲劫金殷

吉之寡居子婦被

讓渡   (1894.8.22)   [官廳事項 12]

용례   鑛業權의讓渡及其抵當權의設定은農商工部의登錄을經치

洋灰   (1906.5.14)   [司法 12]

용례   煉化石及「셰멘도」(洋灰)等原料의

女權   (1899.1.14)   [司法 12]

용례   史因死女權召史誘引乘夜逃去事捉來權召史火烙足趾針刺全

旅券   (1894.8.19)   [官廳事項 12]

용례   至有頉报ᄒ고豆満江旅券中五十钱直一枚에ᄂ一圜으로一

女性   (1906.1.5)   [司法 12]

용례   之妻也該女性本凶獰與其媤母情義不合見輒反唇不遵敎令

聯隊   (1905.3.8)   [司法 12]

용례   侍衛第一聯隊第三大隊見習陸軍步兵叅尉

葉煙草   (1909.6.28)   [産業 12]

용례   葉煙草

藝術   (1909.12.28)   [官制 12]

용례   一農商衙門管理農業商務藝術漁獵種牧礦山地質及

外勤   (1894.8.19)   [軍事 12]

용례   本月二十一日에親衛第二大隊兵卒이野外勤務次로當日上午九

要路   (1907.9.21)   [司法 12]
      용례   先后不斉故로未果ᄒ얏고乃于同月十二日
            에五賊仕进之要路

用達   (1902.3.25)   [司法卽接 12]
      용례   該隊用達主管金敬鉉該領收標與書札茲在
            矣就中一千七百兩

用度   (1900.9.19)   [官廳事項 12]
      용례   四官有財産物品會計及本部用度에關ᄒᄂ
            事項

運動   (1900.9.15)   [官廳事項 12]
      용례   妄之崇非不奉廬而磐泰之措何●見運動之

運轉   (1907.3.7)   [官廳事項 12]
      용례   第二條煉瓦制造所의固定資本은金二十萬
            九千圜으로運轉

運河   (1906.7.12)   [官廳事項 12]
      용례   第六條鐵道軌道道路運河河沼池隄塘社寺
            境內地公園地

運行   (1902.9.9)   [司法 12]
      용례   招毫無差爽矣■宮金容周及員役尹致運行
            將擬律而被告元

原本   (1905.3.1)   [官廳事項 12]
      용례   十一詔勅及法律規則等其他公文原本保存
            에關ᄒ 事項

原書   (1901.1.2)   [司法 12]
      용례   夏請原書則本人父寅聲配泉郡守遞任在于
            已亥六月而該郡結

遠心力 (1908.9.28) [産業 12]
용례 後에乳汁冷藏法을發見ᄒ고又千八百七十
八年에遠心力을應

園遊會 (1895.5.14) [官廳事項 12]
용례 本月十四日東闕後苑에園遊會ᄅᆯ開設ᄒ고
內外國貴顯紳商을招待ᄒᆯ■宮內大臣署理
金宗漢을命ᄒ사左開■勅語ᄅᆯ下賜ᄒ시다

原人 光武八年七月二十二日 [官廳事項 12]
용례 現接平理院檢事洪鐘檍報告書內開詳原人
楊致中所帶紙貨前

遠足 (1894.10.4) [司法 12]
용례 以少擊衆平蕩之期計在不遠足以明日國之
斷無他意

元則 (1906.3.27) [司法 12]
용례 千五百元則主人以白銅貨換給爲言矣該紙
幣明當持來令監對

原則 (1896.1.9) [司法 12]
용례 國은其實驗ᄒᆫ政策의原則을恪守ᄒ야苟히
國益을不害ᄒ며每

月曜日 (1895.11.1) [軍事 12]
용례 ᄅᆯ抄擇ᄒ야來月曜日에前海防營等地의
셔射

委任狀 (1895.4.9) [官廳事項 12]
용례 四御親書와國書와領事官의委任狀及認可
狀에關ᄒᄂ事項

硫酸 (1909.10.4) [産業 12]
용례 料、硫酸安母尼亞等

疑獄　　　　(1898.8.5)　　　　　　[官廳事項 12]
　　　　　용례　三載考績에美政如啖蔗오一念圖報에至誠
　　　　　　　　見求芻라査疑獄

医学　　　　(1894.8.19)　　　　　　[司法 12]
　　　　　용례　四医学研究와并伤病兵에対흔官立病院과
　　　　　　　　连紧事项

利口　　　　(1898.1.18)　　　　　　[司法 12]
　　　　　용례　勅敎를奉承ᄒ얏슨즉被告의利口巧言으로
　　　　　　　　飾詐抵賴홈을亦不

二毛作　　　(1909.8.16)　　　　　　[産業 12]
　　　　　용례　이殆히糧食에不堪ᄒᄂᆫ者이有ᄒ며水田二
　　　　　　　　毛作은土壤의乾

認可　　　　(1906.4.26)　　　　　　[官廳事項 12]
　　　　　용례　社員의署名흔營業認可申請金에定款을添
　　　　　　　　付ᄒ야

印刷　　　　(1905.3.1)　　　　　　[官廳事項 12]
　　　　　용례　債貨幣銀行印刷等에關흔一切事務를管理
　　　　　　　　ᄒ며各地方財務

印章　　　　(1900.9.7)　　　　　　[官廳事項 12]
　　　　　용례　를掌ᄒ야一週日間文牒을衛生局長의印章
　　　　　　　　을捺ᄒ야後考

賃借　　　　(1902.5.28)　　　　　　[司法 12]
　　　　　용례　取之大豆四千余斗日人風帆船賃借裝載之
　　　　　　　　際調査委員崔秉麟

入隊　　　　(1904.9.27)　　　　　　[司法 12]
　　　　　용례　第十八條正校가特務正校에進級홈은入隊

后八个年以上服

粒子 (1909.8.16) [産業 12]

용례 로此를隨ᄒ야收納의粒子■縮瘠小ᄒ고品
質이頗히劣等이

入場 (1901.1.2) [司法 12]

용례 一漢城裁判所審理强盜罪人金周弘締結徒
當持銃佩劍突入場

立替 (1909.12.28) [法律 12]

용례 第五項京釜铁道会社立替金偿还金十四万
圜

自動電話 (1909.6.28) [産業 12]

용례 ○自動電話開始統監府通信管理局으로붓
터來ᄒ通牒을據

自白 (1905.7.29) [司法 12]

용례 者家犯者先入房內抱出寡女與衆人幷力擔
負纔到村後自白

作家 (1909.10.21) [産業 12]

용례 嶺面柳東作家柳浜英

作品 (1905.1.10) [官廳事項 12]

용례 二現今出納과製作品代價徵收에關ᄒ事項

蠶業 (1906.6.9) [官廳事項 12]

용례 請議ᄒ蠶業試驗場各項費增額九千圜과棉
花栽培

壯士 (1899.12.19) [司法 12]

용례 大內必爲恐動汝使心腹之人左右排實則吾

當入送趙壯士負奉

障害	(1909.2.9)	[産業 12]

용례 蔑視쏟不啻라監督上障害가不少라ᄒᆞ니官
員懲戒令第一條

財界	(1908.9.28)	[財政 12]

용례 融共通의關係를有ᄒᆞ英國及歐洲大陸의財
界에重大ᄒᆞ影響을

材料	(1905.5.29)	[官廳事項 12]

용례 第六百四十八條工匠을役使ᄒᆞ야木石材料
等物을采取ᄒᆞᆯ時

赤字	(1901.1.2)	[司法 12]

용례 表章中赤絲의赤字ᄂᆞ銀字로付標ᄒᆞᆷ이라

電燈	(1905.3.8)	[官廳事項 12]

용례 電話電燈에關ᄒᆞ事를掌ᄒᆞᆷ이라

專門學校	(1895.4.17)	[官廳事項 12]

용례 四外國語學校專門學校技藝學校에關ᄒᆞᄂᆞ
事項

電報	(1905.8.25)	[官廳事項 12]

용례 同電報總司換錢、郵便貯金、電信、電話

傳染病	(1906.1.13)	[官廳事項 12]

용례 六傳染病地方病의預防과種痘其他一切公
衆衛生에關ᄒᆞ

典型	(1906.8.17)	[官廳事項 12]

용례 肅川郡守俞致秉诖礼自是典型이오文辞发
为政令이라是以

| 電話 | (1900.10.7) | [官廳事項 12] |

용례 衆奉沈起變第三室執尊通信司電話課奏事
金準植第四室

| 切符 | (1907.7.19) | [官廳事項 12] |

용례 验官吏之證供与其检案一切符合施刑勒招
之说自归诬罔則此

| 切上 | (1894.8.22) | [官廳事項 12] |

용례 入札保証金은各其見積價格百分의五以上
(圜未滿切上)

| 切取 | (1902.4.21) | [官廳事項 12] |

용례 切取供然自臣院素無照律之職權則上項諸
犯幷移送平理院伏

| 政府 | (1905.12.16) | [官廳事項 12] |

용례 韓國政府는今後에日本國政府의

| 情狀 | (1894.8.19) | [官廳事項 12] |

용례 더러旋觉其非ᄒ고归家安业ᄒ고情狀을酌量
ᄒ야本律에一等을

| 調度 | (1895.5.1) | [官廳事項 12] |

용례 二需用物品의調度及土地建物에關ᄒ는
事項

| 条理 | (1894.11.26) | [官廳事項 12] |

용례 ■原郡守尹永稜慣知土俗治有条理

| 朝飯 | (1901.1.2) | [官廳事項 12] |

용례 假家三間已爲被燒云被告韓鳳錫失火當日
朝飯立匙次出來渠

照會　　　　(1904.8.3)　　　　　[官廳事項 12]
　　　　용례　右는法部照會를据ᄒ즉該員이槐山郡獄事
　　　　　　　査檢時에

尊攘　　　　(1907.9.21)　　　　　[司法 12]
　　　　용례　崔益鉉에게尊攘討復이란旗号를得ᄒ고先
　　　　　　　锋之命을受ᄒ야되

種痘　　　　(1895.4.17)　　　　　[官廳事項 12]
　　　　용례　一傳染病地方病의豫防及種痘其他一切公
　　　　　　　衆衛生에關ᄒᄂ事項

從来　　　　(1909.12.28)　　　　[官廳事項 12]
　　　　용례　從来慣用를因ᄒ야限十个年間并用ᄒ기為
　　　　　　　ᄒ야种類形状物質

綜理　　　　(1898.7.28)　　　　　[官廳事項 12]
　　　　용례　高陽郡守成奭永은隨事綜理ᄒ니可見古家
　　　　　　　之遺範이오盡心恤

主義　　　　(1905.12.16)　　　　[彙報 12]
　　　　용례　日本國政府及韓國政府ᄂ兩帝國을結合ᄒ
　　　　　　　ᄂ利害共通의主義를鞏固케홈을欲ᄒ야

中間　　　　建陽二年四月十七日　[司法 12]
　　　　용례　其事를看護助誦홈이亦出常情이라ᄒ나中
　　　　　　　間紹介ᄒ效勞로

仲介　　　　(1905.12.16)　　　　[官廳事項 12]
　　　　용례　仲介에由치아니ᄒ고國際的性質을有ᄒᄂ

中學校　　　(1895.4.17)　　　　　[官廳事項 12]
　　　　용례　三中學校에關ᄒᄂ事項

指導　　　　(1898.7.22)　　　　　[司法 12]

　　　용례　 홀 믄 호 ■崔時亨捕獲홀 時에 指導혼 効勞가
　　　　　　 不無혼 즉宋一會와

支度　　　　(1908.9.28)　　　　　[部令 12]

　　　용례　 滊車及車馬費日給宿泊料支度料食卓料

持論　　　　(1894.10.23)　　　　　[司法 12]

　　　용례　 恩事○錦伯書目兵使李長會持論岐貳軍行
　　　　　　 逶迤爲先

地味　　　　(1909.8.16)　　　　　[産業 12]

　　　용례　 며且土地를整理홈으로以ᄒ야地味가尙今
　　　　　　 未熟ᄒ고生育이

持入　　　　(1902.12.31)　　　　　[司法 12]

　　　용례　 及辦備紅毯之不爲持入參究事勢无怪其然
　　　　　　 前武官学校及南新

地層　　　　(1905.4.15)　　　　　[官廳事項 12]

　　　용례　 六地質幷地層構造의調査及鑛床의驗定에
　　　　　　 關혼事項

直立　　　　(1900.8.8)　　　　　[官廳事項 12]

　　　용례　 蚤夜靡懈ᄒ고民訟自無滯案ᄒ니曲直立
　　　　　　 判홈

質問　　　　(1902.12.31)　　　　　[司法 12]

　　　용례　 会与証参人金在錫等一切質問則深知内坪
　　　　　　 大禍将至之説初焉

秩序　　　　(1905.5.3)　　　　　[司法 12]

　　　용례　 安寧秩序ᄅ保護ᄒ고摠巡以下所屬員의

窒素　　　　(1908.9.28)　　　　　[産業 12]
　　　용례　인者ㅣ有홈은考ᄒ건듸窒素肥料(坵肥、廐
　　　　　肥의類)가多

懲役　　　　(1901.1.2)　　　　　[軍事 12]
　　　용례　文明秀竊盜罪懲役一年減一等十个月

處置　　　　(1905.6.30)　　　　　[官廳事項 12]
　　　용례　로處置ᄒ기를要홈

拓殖　　　　(1909.7.5)　　　　　[官廳事項 12]
　　　용례　東洋拓殖株式會社登記事項中左와如히變
　　　　　更홈

天文學　　　(1905.3.1)　　　　　[産業 12]
　　　용례　技師四人奏任天文學命課學地理學

體操　　　　(1909.7.1)　　　　　[學事 12]
　　　용례　體操橫地高等學校敎授

銃炮　　　　(1904.9.19)　　　　　[司法 12]
　　　용례　銃炮制造所

追及　　　　(1898.10.12)　　　　[官廳事項 12]
　　　용례　行駕已遠不可追及朕心悵缺倘復如何其在
　　　　　禮遇不宜靳持所辭

追放　　　　(1895.8.10)　　　　　[官廳事項 12]
　　　용례　構成案兵備의減縮에關ᄒᄂ建議와外國人
　　　　　의保護及追放權과

推尋　　　　(1897.9.7)　　　　　[司法 12]
　　　용례　費를推尋ᄒ올意로牟鳳柱로더부터每相言
　　　　　論ᄒ옵다가及其牟

推察　(1909.9.8)　　　　　[産業 12]
　　　　용례　良ᄒ며目下의狀況으로推察ᄒ면平年作以
　　　　　　上의秋收를見홈

出庫　(1905.9.6)　　　　　[産業 12]
　　　　용례　出庫를請求홈을得치못홈이라

出来　(1909.12.28)　　　　[司法 12]
　　　　용례　朴容圭出来傳言曰已闭之宮门不可擅开君
　　　　　　段归家则吾当无

出力　(1895.5.28)　　　　　[官廳事項 12]
　　　　용례　第十三條響居官員及士民이或自願出力ᄒ
　　　　　　야本家

出超　(1908.9.28)　　　　　[産業 12]
　　　　용례　畜産物의輸出超過額

出版　(1894.8.19)　　　　　[産業 12]
　　　　용례　图书出版亚细亚文化社

取下　(1906.8.17)　　　　　[官廳事項 12]
　　　　용례　고同第十一号符号中采取下에「请」一字를
　　　　　　添入ᄒ고同第十二

就學　(1905.9.26)　　　　　[官廳事項 12]
　　　　용례　産就學專精清望凤著中司馬歷試顯宰官

齒科　(1909.11.30)　　　　[官廳事項 12]
　　　　용례　小兒科、皮■科、齒科、藥劑科、庶務課를
　　　　　　置홈

統計　(1898.8.1)　　　　　[官廳事項 12]
　　　　용례　第十五條統計人民保護ᄒᄂ事項은行政司

法警察과 衛生事

頹廢　(1898.8.2)　　[官廳事項 12]
용례　長鬐郡守李敦行編局頹廢를隨手塡補ᄒ嘉
　　惠實績을聽民

投機　(1908.9.28)　　[産業 12]
용례　니人蔘耕作은決코投機的인者ㅣ아니라所
　　謂人蔘은農業의一

平等　(1906.3.24)　　[産業 12]
용례　通ᄒ야一定平等의償還額을定ᄒ미可ᄒ
　　이라

平和　(1900.9.4)　　[官廳事項 12]
용례　餌邏臻平和克期上來以竣終事事遣秘書郎
　　傳諭

廢止　(1905.2.28)　　[官廳事項 12]
용례　勅令第三號法官養成所規程中改正件은廢
　　止ᄒ

表現　(1908.8.27)　　[官廳事項 12]
용례　規程等도實로此趣旨를表現ᄒ者에不外ᄒ
　　이라

彼女　(1901.1.2)　　[司法 12]
용례　韓女以理責之犯者曰呼此女彼女語漸悖戾
　　死者憤其姊之見

被服　(1900.10.1)　　[司法 12]
용례　第二百八十條軍人이軍器彈藥被服을棄毁
　　ᄒ者ᄂ一件에笞

學齡   (1895.7.4)   [官廳事項 12]
용례 第十六條兒童의滿七歲로滿十五歲█지八
個年으로學齡을定흠

航海   (1899.9.16)   [官廳事項 12]
용례 흔者로交通치아니흠과航海中眞的흔虎列
刺病과疑似證이

解雇   (1896.12.9)   [官廳事項 12]
용례 三厘와前內閣雇員一人解雇後俸給額六十
元을豫備金中支出

海事   (1909.12.28)   [官制 12]
용례 一通商局掌通商航海事務叅議一員主事二員

海外   (1906.2.19)   [官廳事項 12]
용례 二海外旅券에關흔事項

海員   (1902.11.1)   [官廳事項 12]
용례 第一條通信院에셔는郵遞電信電話船舶海
員等에關흔一切

行政   (1900.10.1)   [官廳事項 12]
용례 第二百三十條兵卒이公事를因ᄒᆞ드리도各
官司의行政公堂

憲法   (1906.4.4)   [雜事 12]
용례 刑法大全明律無冤錄法學通論憲法

革命   光武八年三月十六日 [司法 12]
용례 革命血約書其中條件一廢

協定   (1905.9.12)   [司法 12]
용례 으로定ᄒᆞ되期限滿了後에는商議協定흠을

得홀事

協和 (1894.12.12) [司法 12]
용례 命으로ᄒ야곰其蘇케ᄒ노니上下가協和ᄒ
야厥言을行

協会 (1909.12.28) [司法 12]
용례 前元興寺社員四五十名聚会演説其中多有
協会余党云故矣身

刑法 (1900.12.18) [官廳事項 12]
용례 之藏炳萬古而儀刑法度咸韺韶削之音調八
風而衆贊化育者攷

虎列剌 (1895.6.26) [警察 12]
용례 南門內檢疫部所報에眞性虎列剌에羅ᄒ人
이總計三百五十一

豪雨 (1909.9.8) [産業 12]
용례 水할뿐아니라本期에入ᄒ야도豪雨尙未歇
息ᄒ야浸水被害

呼出 (1905.5.3) [司法 12]
용례 民■無指的向證處故呼出各洞執綱使坐場
中首出演說云與韓

混凝土 (1909.10.4) [司法 12]
용례 一燈塔은混凝土造入角形이니脚部에煉瓦
造看守室을備ᄒ

火輪船 (1895.9.4) [官廳事項 12]
용례 火輪船할돔號가履門에着ᄒ고在開報告을
傳ᄒ니라

華氏　　　(1909.9.15)　　　　[産業 12]

용례　平日에比ᄒ면高ᄒ야華氏八十五度에達ᄒ
　　　야極히靜穩ᄒᆫ바

貨幣　　　(1896.1.18)　　　　[官廳事項 12]

용례　以後ᄂᆫ一切該貨幣의流通홈을禁ᄒ야又三
　　　個月을經ᄒ고政府

活字　　　(1907.3.19)　　　　[司法 12]

용례　四活字及鉛版鑄造에쏫ᄒᆫ事項

獲得　　　(1894.10.4)　　　　[司法 12]

용례　獲得銃丸旗█等物及牛馬三十匹隊官李敏
　　　宏率一隊

후루쓰　　(1908.9.15)　　　　[産業 12]

용례　후루쓰　七月五日　　本　尺

訓令　　　(1905.4.22)　　　　[官廳事項 12]

용례　隊長以下及各署警務官과各地方官에게ᄂᆫ
　　　訓令홈이라

喧嘩　　　(1907.9.21)　　　　[司法 12]

용례　右ᄂᆫ該員等이官廳에在ᄒ야相詰喧嘩홈은
　　　損失體面이기로譴

希望　　　(1894.8.19)　　　　[官廳事項 12]

용례　右ᄅᆯ賣却ᄒ니入札ᄒ기希望ᄒᄂᆫ者ᄂᆫ本日
　　　노붓터十七日以內

히ㅣ누스　(1909.3.16)　　　　[産業 12]

용례　水原林業事務所ᄂᆫ京畿道水原郡에在ᄒ야
　　　農林學校

13. 觀象

揭揚　　　　　(1908.9.28)　[天氣豫報及暴風警報規程 13]
　　　　　　　용례　良好ᄒ야特히揭揚홀障碍가無ᄒ고近年稀
　　　　　　　　　　有의豊作이라

미리메도루　　(1908.2.6)　　　　　[觀象 13]
　　　　　　　용례　氣壓雨量은「미리메도루」氣溫은攝氏

미티메뇨루　　(1908.1.6)　　　　　[觀象 13]
　　　　　　　용례　氣壓雨量은「미티메뇨루」氣溫은攝氏

미티메ᄂ루　　(1908.2.12)　　　　[觀象 13]
　　　　　　　용례　氣壓雨量은「미티메ᄂ루」氣溫은攝氏

14. 廣告

坑木　　　　(1908.9.28)　　　　　[廣告 14]
　　　용례　一坑木及矢木七萬六千五百本

乾草　　　　(1908.3.11)　　　　　[廣告 14]
　　　용례　第二號}乾草六千貫(京城稱三萬七千五百斤)

決意　　　　(1895.4.19)　　　　　[師範學員勸赴廣告 14]
　　　용례　政府에當路者를暗殺ㅎ므로事를成ㅎ는딕
　　　　　　決意ㅎ야被告

結晶　　　　(1909.4.3)　　　　　[廣告 14]
　　　용례　一壚田結晶池用平石壹萬八千平方坪此重
　　　　　　量參千噸

契約書　　　(1895.6.1)　　　　　[廣告 14]
　　　용례　外國社會에係ㅎ契約書印紙稅를增課ㅎ야

고로다이푸　(1908.4.13)　　　　　[廣告 14]
　　　용례　精巧ㅎ게「고로다이푸」版體裁縱九寸橫一
　　　　　　尺二寸表紙

共同便所　　(1909.4.3)　　　　　[廣告 14]
　　　용례　一共同便所新築工事拾壹個所

科學　　　　(1898.10.4)　　　　　[師範學員勸赴廣告 14]
　　　용례　右는該員이高等科學員을改名掩留ㅎ야部

令을違越키是로以

起重機　(1908.9.28)　　　　[物品購買入札廣告 14]
용례　一定置手動起重機參臺內三噸一臺

廊下　(1909.7.31)　　　　[新刊廣告 14]
용례　一大韓醫院渡廊下新設及模樣替工事

端正　(1908.3.31)　　　　[廣告 14]
용례　容儀를端正케ᄒ고規律을確守ᄒ며協同을
尙ᄒᄂ習慣을

道具　(1909.10.11)　　　　[廣告 14]
용례　十四時五十三個三道具、石炭入、臺、煙
筒付

리노리우무　(1908.12.8)　　　[物品購買入札公告 14]
용례　리노리우무(室內廊下敷物)貳百參拾五坪
貳合

맛도　(1908.12.8)　　　　[新刊廣告 14]
용례　맛도(階段敷物)四拾九坪五合

埋立　(1894.7.11)　　　　[工事請負入札廣告 14]
용례　一仁川稅開檢疫所埋立護岸石垣及阜頭工事

賣出　(1909.8.16)　　　　[廣告 14]
용례　二畜牛의買入地、賣出地及買入年月日

麥酒　(1909.8.25)　　　　[廣告 14]
용례　골덴메론以下의外國種도殆히麥酒原料될
價値가無ᄒ고

命題　(1900.11.23)　　　　[廣告 14]
용례　一漢文으로命題作文一度

木炭　　　(1908.9.28)　　　　　[廣告 14]
　　　　　용례　木炭一二、四四三六九、八〇八

物價　　　(1905.8.12)　　　　　[物品購買入札廣告 14]
　　　　　용례　現에物價가 ﾘ騰ᄒ고費用이陪從홈으로

物理學　　(1899.3.15)　　　　　[廣告 14]
　　　　　용례　天文及筭學은爲推測開明之本이라在各種
　　　　　　　　物理學中에爲最切

未拂　　　(1907.7.19)　　　　　[廣告 14]
　　　　　용례　未拂配当金二、三九八、九七

博物學　　(1909.2.9)　　　　　[購買入札 14]
　　　　　용례　一新撰小博物學私立學校初等敎育學徒用
　　　　　　　　全一冊

配達　　　(1894.8.22)　　　　　[廣告 14]
　　　　　용례　直接配達치아니홈

普通學校　(1909.7.1)　　　　　[廣告 14]
　　　　　용례　公立普通學校設置認可者名稱及位寘

縫靴　　　(1906.5.25)　　　　　[廣告 14]
　　　　　용례　縫靴工長同職工은各其所屬隊下士兵卒과
　　　　　　　　同홈이라但

拂下　　　(1894.8.22)　　　　　[廣告 14]
　　　　　용례　物品拂下公告

私法　　　(1906.2.2)　　　　　[廣告 14]
　　　　　용례　商法行政法國際公法國際私法

仕樣書　　(1894.8.22)　　　　　[廣告 14]
　　　　　용례　仕樣書、圖面、及現場等을熟覽ᄒ後七月

二十二日上午十一時

上手   (1909.2.9)   [購買入札 14]

용례   納付場所ᄂ仁川富平郡界佳佐洞渡船場上手朱安幷朱洞

商店   (1905.6.30)   [廣告 14]

용례   衆尉丙云同往洋人商店問此紙幣用與不用則該洋人曰

書留   (1909.8.31)   [廣告 14]

용례   但書留郵便으로入札ᄒ者ᄂ營業證明書、經歷書及保證金을共히送付ᄒ事

盛土   (1909.9.15)   [廣告 14]

용례   一新義州稅關廳舍及上家其他新築並盛土工事

修習   (1905.11.17)   [廣告 14]

용례   法律學校에셔三個年以上修習ᄒ卒業証이有ᄒ者와

身元   (1909.4.3)   [廣告 14]

용례   身元保證金三九三、五〇〇

心得   (1894.8.19)   [廣告 14]

용례   右ᄅ入札ᄒ請負希望者ᄂ本所에來ᄒ야入札心得書契約書案

心得書   (1909.7.1)   [廣告 14]

용례   札人心得書、契約書案、仕樣書、圖面及現場等을熟覽ᄒ後

養成所   (1906.2.3)   [廣告 14]

용례   右ᄂ該員等이法官養成所教官在任時에專

廢敎科가

歷史　　　　(1895.6.13)　　　　[廣告 14]

　　　　용례　本國地理本國歷史外國地理外國歷史理科
　　　　　　　圖書體操로ᄒᆞ고

營養　　　　(1908.6.16)　　　　[廣告 14]

　　　　용례　個年以上其營養에從事ᄒᆞᆫ証明書가有ᄒᆞᆫ者
　　　　　　　로限홈

優等生　　　(1905.4.12)　　　　[廣告 14]

　　　　용례　月終試驗을經ᄒᆞ야優等生은該班內에陞座
　　　　　　　ᄒᆞ고

郵便　　　　(1905.8.25)　　　　[廣告 14]

　　　　용례　右外에現在郵便局出張所、郵便領受所와
　　　　　　　公衆通信을處理ᄒᆞ

原作　　　　(1908.9.3)　　　　[廣告 14]

　　　　용례　기爲ᄒᆞ야假稱度支部量地課技手ᄒᆞ고原作
　　　　　　　人等處에貽害케ᄒᆞ

衛生學　　　(1894.7.11)　　　　[廣告 14]

　　　　용례　一中生理衛生學私立學校高等敎育學員用
　　　　　　　全壹冊

引受　　　　(1909.8.27)　　　　[廣告 14]

　　　　용례　式引受金

入札　　　　(1909.7.1)　　　　[廣告 14]

　　　　용례　請負希望者ᄂᆞᆫ本所에來ᄒᆞ야入札人心得書

入學試驗　　(1895.4.15)　　　　[廣告 14]

　　　　용례　本月二十五日內本部에稟告ᄒᆞ고二十七日

에本部로進ᄒ야入學試驗을受ᄒ

作文   (1895.7.1)   [廣告 14]
　　　용례　作文日用書類記事文及論說文

雜貨   (1908.8.13)   [廣告 14]
　　　용례　鐘路雜貨商店

定價   (1905.9.12)   [廣告 14]
　　　용례　定價表ᄅ을如左改定ᄒ야兹에廣告事

正當防衛 (1909.2.9)   [廣告 14]
　　　용례　ᄒ며坐正當防衛ᄂ何等境遇에何如히使用
　　　　　　ᄒᄂ지右諸問을咳

株式会社 (1907.7.19)   [廣告 14]
　　　용례　株式会社第一银行

直面   (1894.8.19)   [廣告 14]
　　　용례　京北壯洞東谷洞三十九統一戶慶北安東郡
　　　　　　一直面回岩洞

職員錄 (1907.1.11)   [廣告 14]
　　　용례　一官報職員錄法規類編及諸般圖書出版에
　　　　　　關ᄒ事項

硝子   (1908.9.28)   [廣告 14]
　　　용례　一硝子瓶貳合入(標本入)七千個

枕木   (1908.4.28)   [廣告 14]
　　　용례　個所의産物(枕木)搬出에就ᄒ야ᄂ更히一條
　　　　　　의車馬車道

被害者 (1895.5.2)   [廣告 14]
　　　용례　第三十九條上訴ᄂ檢事와被告와又被害者

　　　　　　　　　로셔此룰行ᄒᆞᄂᆞ事得룰홈

行政法　　　(1906.2.5)　　　　　[廣告 14]
　　　　　용례　商法行政法國際公法國際私法

丸太　　　(1909.5.21)　　　　　[廣告 14]
　　　　　용례　杉丸太購買公告

15. 外報

大韓帝國官報에 수용된 일본어어휘의 편제별 분류

坑口　　　　　(1906.8.5)　　　　　[外報 15]
　　　　　　　용례　橫坑口

計算　　　　　(1905.12.22)　　　　[廣告 15]
　　　　　　　용례　關ᄒᆞᆫ一切의計算을登記ᄒᆞ미可ᄒᆞ미라

困難　　　　　(1906.7.12)　　　　　[外報 15]
　　　　　　　용례　困難을極ᄒᆞᄂᆞᆫ境遇에ᄂᆞᆫ救助ᄒᆞ며又歸國케
　　　　　　　　　　ᄒᆞᄂᆞᆫ義務가有홈

共同　　　　　(1900.10.1)　　　　　[外報 15]
　　　　　　　용례　第八十七條二人以上이共同ᄒᆞ야範圍가同
　　　　　　　　　　ᄒᆞᆫ罪ᄅᆞᆯ犯ᄒᆞᆫ者ᄅᆞᆯ

公債　　　　　(1906.7.31)　　　　　[外報 15]
　　　　　　　용례　前項境遇에在ᄒᆞ야公債證書及土地의价格
　　　　　　　　　　은度支部大臣이

工學　　　　　(1905.12.15)　　　　[外報 15]
　　　　　　　용례　第七款農商工學校一萬九百七十四圜

共和國　　　　(1895.8.15)　　　　　[外報 15]
　　　　　　　용례　大統督幷內閣ᄅᆞᆯ撰擧ᄒᆞ야然後獨立을發表
　　　　　　　　　　ᄒᆞ야규바共和國ᄅᆞᆯ

公會 (1898.5.27) [外報 15]

용례 一堂上郎廳依例謄錄事畢間除本司仕上直

凡公會勿祭■祭

過去 (1895.10.11) [外報 15]

용례 過去ᄒᆞᆫ一百五十年間에漸次로英人이征取

ᄒᆞ야該額土가되고

拳銃 (1906.5.25) [外報 15]

용례 ᄒᆞ고警察勤務에服ᄒᆞᆯ時ᄂᆞᆫ拳銃을携帶ᄒᆞᆷ

이라

軌道 (1905.12.21) [外報 15]

용례 第七條軌道幅員은特許를得ᄒᆞᆫ外에ᄂᆞᆫ總히

四呎八吋半으로

氣象 (1894.8.22) [外報 15]

용례 ○各地氣象六月二十九日

奇異 (1895.9.6) [外報 15]

용례 오에有ᄒᆞ고下等族은益益無恥固陋에陷ᄒᆞ

야社會上一種奇異

汽車 (1905.5.29) [外報 15]

용례 森林汽車電線을毁破ᄒᆞ거나燒絶ᄒᆞᆫ者

露國 (1909.8.30) [外報 15]

용례 露國人니꼴라이유가이發行

勞働 (1898.1.21) [外報 15]

용례 五賞表二個以上을有ᄒᆞᄂᆞᆫ者ᄂᆞᆫ作業의勞働

이稍經ᄒᆞ거슬課

短縮 (1905.7.15) [外報 15]

용례 但本條의境遇에ᄂᆞᆫ第八條의期限을七日싸

지短縮홀事를得

談判 (1896.5.7) [外報 15]
용례 平和談判의破裂이라上仝

大多數 (1896.4.13) [外報 15]
용례 도別로爭論이無ㅎ고大多數로承認ㅎ기를
議決ㅎ얏더라쏘上

大雨 (1908.8.25) [外報 15]
용례 第五條臨時豫報로强風、結霜、大雨、出
水를豫報홈을得홈

大尉 (1905.11.10) [外報 15]
용례 日本國中隊長陸軍大尉田尻愛種

大佐 (1909.7.14) [外報 15]
용례 步兵第三十六旅團副官陸軍步兵大佐我有
茂三槌

大衆 (1895.10.25) [外報 15]
용례 [이예논]에셔亞拉伯亞人大衆이反亂를倡ㅎ
야四万五千人이

大地震 (1895.8.27) [外報 15]
용례 中央亞米利加의大地震이라

大統領 (1899.4.28) [外報 15]
용례 大皇帝陛下尊太上皇李埈鎔則代立與大統
領間隨機爲之吾其

大學 (1895.6.17) [外報 15]
용례 會議를從ㅎ야本年六月에英國大學校에셔
開議홀터힌■今番

突入　(1905.5.3)　[外報 15]
용례　一漢城裁判所審理强盜罪人金道鉉與其同
黨各持兵器突入間

東京　(1905.6.26)　[外報 15]
용례　第二條本證券은日本東京에셔此룰發行ᄒ
야擔當銀行을定

動議　(1898.12.27)　[外報 15]
용례　長李鍾健言之投標選擧雖不衆見違章動議
不能防止亦不可無

馬賊　(1896.11.4)　[外報 15]
용례　淸國北部馬賊之警報라

馬車　(1895.6.24)　[外報 15]
용례　ᄒ고(고롬보)에셔ᄂ馬車鐵路룰敷設ᄒ고■
貿易은前年에比

目的　(1909.10.4)　[外報 15]
용례　目的을變更ᄒ고義務룰違背ᄒ며官紀룰紊
亂ᄒ이기官員懲

美術　(1895.8.24)　[外報 15]
용례　物遺蹟과美術家建築家好古家룰讚歎不已
ᄒ고開國以來常朝

美術家　(1895.8.24)　[外報 15]
용례　物遺蹟과美術家建築家好古家룰讚歎不已
ᄒ고開國以來常朝

博物館　(1896.5.27)　[外報 15]
용례　(三月二十六日澳國商業博物館週報)

半島	(1896.5.25)　　　　[外報 15]
	용례　「바긘스긔」郡「아브세른」半島오同年高加索全體의採油額은三

訪問	(1901.1.2)　　　　[外報 15]
	용례　陰曆七月初上京訪問李秉確則李郁爲言養蠶機械介得次下往

排水	(1906.3.24)　　　　[外報 15]
	용례　一開墾排水灌漑及耕地土質의改良

帆船	(1909.10.5)　　　　[外報 15]
	용례　帆船及他船에被引ᄒ야運行ᄒᄂ船舶은霧中號角

保育	(1895.2.2)　　　　[外報 15]
	용례　祖先이我祖宗의保育ᄒ신良臣民이니爾臣民도

保全	(1894.8.19)　　　　[外報 15]
	용례　身为副官ᄒ야军纪风纪를不能保全ᄒ야至于亂动ᄒ엿스니平

婦人	開國五百四年十月二十一日　[外報 15]
	용례　各國人聲明義助日本之人義或自願助戰或婦人■組織赤十字

~弗	(1896.7.1)　　　　[外報 15]
	용례　業補助費를每年에十六万弗을支辦ᄒᆯ契約을定結ᄒᆯ全權委任

事務室	(1906.3.17)　　　　[外報 15]
	용례　百四圜과法部監時補佐官年俸舍宅料與事務室廳費修理費二

士族　　　　　(1898.8.22)　　　　[外報 15]

용례　日而致死罪照大典會通姦犯條士族婦女■

　　　奪者勿論姦未成

社會學　　　　(1895.8.24)　　　　[外報 15]

용례　者는社會學者가最大快睹ᄒ고南[더라완곤]

　　　의極熱地方이잇

山脈　　　　　(1895.9.2)　　　　　[外報 15]

용례　는모라水中에入ᄒ야比에屛風又흔喜麻刺

　　　亞山脈과南에[데

三角形　　　　(1908.9.28)　　　　[外報 15]

용례　西水道馬島의北方紅木造로三角形馬島는

　　　南二度西水路變化에

常備兵　　　　(1896.3.14)　　　　[外報 15]

용례　將官十六人이有ᄒ야從屬ᄒ고ᄯ合衆國常

　　　備兵二万五千人外

商人　　　　　(1908.9.28)　　　　[外報 15]

용례　第三十三條商人은幹事又는差人을選任ᄒ

　　　야其營業에關ᄒ

石油　　　　　(1894.8.19)　　　　[外報 15]

용례　第一三三号平安北道定州郡葛池面古邑面

　　　德岩面石油九二四、六九四京城曙町四番

　　　地田村謙吉方西冢喜三郎东京市本所区北

　　　二葉町三十四番地黑田德松美国纽育市마

　　　지선아펜우九十三스드리-트알파-트마이야

　　　-十一月十二日矿业请愿의许可

石炭　　　　　(1909.7.21)　　　　[外報 15]

용례　石炭購買廣告

石版 (1908.5.9)   [外報 15]
    용례 本局에셔彫刻銅版、寫眞版、고로다이푸
      版、石版、鉛版等各種의

先日 (1902.6.25)   [外報 15]
    용례 四日相逢于前贊政朴箕陽小家則金秉先日
      吾今新除■原郡守

設計 (1905.5.3)   [外報 15]
    용례 人犯法條凡諸人設計用言敎誘人犯法者與
      犯人同罪文處笞一

攝政 (1896.4.18)   [外報 15]
    용례 會議를ᄒᆞᄂᆞ바攝政皇后도臨場ᄒᆞ時에內閣
      總理大臣「가노브

~省 (1894.8.19)   [外報 15]
    용례 日本国宮内省侍医局主事相矶愷

世紀 (1896.1.31)   [外報 15]
    용례 百二十類에區分ᄒᆞ고ᄯᅩ그普通世界博覽會
      와第十九世紀特別

小隊 (1905.4.26)   [外報 15]
    용례 第四聯隊第二大隊小隊長成贊慶拘拿之由
      業

少尉 (1894.8.19)   [外報 15]
    용례 雄釜屋忠道藤本秀四郎幷特叙勲二等东宫
      侍从陆军骑兵少尉

小包 (1908.8.11)   [外報 15]
    용례 龍山元町郵便所通常郵便、小包郵便

首都 　　　　(1895.8.29)　　　　[外報 15]
　　용례　意太利國皇帝ᄂ其首都羅馬에셔鍊軍의大
　　　　演習을ᄒ더니[가

需要 　　　　(1904.9.27)　　　　[外報 15]
　　용례　第十三條火藥制造所ᄂ陸海軍의需要ᄒ火
　　　　藥을制造ᄒ기

受取 　　　　(1905.8.25)　　　　[外報 15]
　　용례　出張所及受取所名處理事務

巡洋艦 　　　(1896.10.3)　　　　[外報 15]
　　용례　隻四等同上五隻其他巡洋艦二隻報知艦四
　　　　隻水雷艇數十隻인

時事 　　　　(1900.8.15)　　　　[外報 15]
　　용례　矣時事則賈誼所謂痛哭流涕亦屬尋常矣雖
　　　　君臣上下奮發勵精

示威運動 　　(1896.3.14)　　　　[外報 15]
　　용례　더니該國政府ᄂ人民이美國公館에對ᄒᄂ
　　　　示威運動을禁ᄒ더

殖民 　　　　(1907.3.19)　　　　[外報 15]
　　용례　移民保护法에依ᄒ야本月二日에大韩殖民
　　　　合资会社에对ᄒ야

紳士 　　　　(1894.10.6)　　　　[外報 15]
　　용례　類不敢入境附近七八邑倚以爲重耆紳士民
　　　　踵至願借

伸張 　　　　(1906.5.14)　　　　[外報 15]
　　용례　六建筑用石材와煉化石과瓦等의吸水量과
　　　　伸張의耐度와

外報   (1909.11.20)   [外報 15]

용례   緋粕、油粕、肉粉、骨粉、血粉、糠、燐酸
肥料、調合肥料硫酸安母尼亞等

野菜   (1895.10.3)   [外報 15]

용례   를不要ᄒ며其飲食에至ᄒ야ᄂ最簡ᄒ야穀
類野菜牛乳冷水가

約定   (1905.9.12)   [外報 15]

용례   ᄂ各相當ᄒ委任을承有ᄒ야左開條項을約
定홈

洋傘   (1909.2.9)   [外報 15]

용례   傘{洋傘共}七三一一四四、六五四再輸入
品八〇四、三一〇

洋人   (1905.6.30)   [外報 15]

용례   洋人商店問此紙幣用與不用則該洋人曰

洋行   (1896.6.24)   [外報 15]

용례   口豊昌洋行의地所家屋을購買ᄒ야局廠을
開홀事를決斷ᄒ얏

輿論   (1896.7.1)   [外報 15]

용례   輿論은西國에反對홈의方向에傾홈은同國
大統領及政府ᄂ其

連發拳銃   (1895.6.1)   [外報 15]

용례   拳銃이二千五百十五箇오連發拳銃이三十
八萬八千四百五十箇오

演說   (1905.5.3)   [外報 15]

용례   民█無指的向證處故呼出各洞執綱使坐場
中首出演說云與韓

延長　　　(1896.5.21)　　　[外報 15]

용례　許可ᄒᆞᆫ線路의延長은工部의管轄에屬ᄒᆞᆫ部
　　　分이一万一千四百

煙草　　　(1909.8.3)　　　[外報 15]

용례　煙草販賣免許準牌無効

熱度　　　(1895.9.4)　　　[外報 15]

용례　疆은緯度가日本東海道에ᄀᆞᆺᄒᆞᆫ故로熱度가
　　　百度로셔超ᄒᆞᄂᆞᆫ極

熱心　　　(1906.3.9)　　　[外報 15]

용례　錦山郡守閔佑鎬官政은熱心做去ᄒᆞ나府飭
　　　을冷眼看來홈中

列車　　　(1905.12.21)　　　[外報 15]

용례　第二十七條列車發着時間及度數ᄅᆞᆯ定ᄒᆞ
　　　거ᄂᆞ

染料　　　(1895.10.6)　　　[外報 15]

용례　染料가잇고生皮及羊毛가잇셔皆悉屈指ᄒᆞ
　　　ᄂᆞᆫ大業이오모다富

葉書　　　(1896.3.18)　　　[外報 15]

용례　億二千三百三十万이오葉書가一億五千七
　　　百九十万이오印刷

影響　　　(1900.9.2)　　　[外報 15]

용례　地惟若影響不言而可以意會及見附牘之來

奧地　　　(1896.3.18)　　　[外報 15]

용례　奧地利郵遞及電信統計라

牛乳　　　(1908.9.7)　　　[外報 15]

용례　第四十六類牛乳及其製品

右翼 (1894.8.19)　　　　[外報 15]
용례 　锡文은左翼将郑士弘은右翼将郑千妆ᄂ召
　　募将李汉圭ᄂ中军

運輸 (1905.5.3)　　　　[外報 15]
용례 　深人定後潛入于該港運輸會社庫舍壞壁脫
　　鎖偸取布木四十

運用 (1896.3.14)　　　　[外報 15]
용례 　에十八歲以上四十四歲以下男子로武器를
　　運用홈에可堪흔者

元老院 (1895.8.10)　　　　[外報 15]
용례 　列國代議士平和會義ᄂ本日[六月二十三日]
　　元老院에서開會ᄒ야十

緯度 (1895.9.4)　　　　[外報 15]
용례 　疆은緯度가日本東海道에ᄯ흔故로熱度가
　　百度로셔超ᄒᄂ極

違反 (1905.9.12)　　　　[外報 15]
용례 　第七條日本國船舶으로本約定에違反ᄒᄂ
　　時에ᄂ韓國海關

委任 (1905.11.11)　　　　[外報 15]
용례 　辯護士ᄂ民事當事者나刑事被告人의委任
　　을依ᄒ야

留置 (1896.9.25)　　　　[外報 15]
용례 　에셔領受人에게傳홀意向이無ᄒ고도空然
　　히留置ᄒ야還

流通 (1896.1.18)　　　　[外報 15]
용례 　以後는一切該貨幣의流通홈을禁ᄒ야又三

個月을經호고政府

意味　(1896.3.26)　　　[外報 15]

용례　上의意味를多量에含蓄호 事나今番에는假
令多少英德에셔求

議員　(1905.12.31)　　[外報 15]

용례　第九條帝室財政會議의議案은出席議員의
過半數로써決호

議院　(1895.6.19)　　　[外報 15]

용례　호더니聯邦參議院議員中四十二名은該會
議開設을贊同호고

医院　(1894.8.19)　　　[外報 15]

용례　敕令第七十三号大韓医院官制全全

意志　(1901.1.2)　　　[外報 15]

용례　宗社之動之烈興日星爭光追念往昔況値是
几不可無示意志感

引率　(1895.6.4)　　　[外報 15]

용례　호다云호고水兵을引率호야所屬호軍艦에
歸호더니同地外商

一種　(1896.4.28)　　　[外報 15]

용례　懲戒法三種外에補外호는一種을添附홈

一篇　(1895.8.24)　　　[外報 15]

용례　야도其誣言이아니믈認홈如斯浩瀚호事物
問題는能히一篇報

入口　(1895.8.22)　　　[外報 15]

용례　然히北붓터南에順列호니라其入口의最多

ᄒ고土地의最高ᄒ

| 資料 | (1900.10.1) | [外報 15] |

용례　을付與ᄒ거나其他資料ᄅ供給ᄒ者ᄂ流終
身에處ᄒ이라

| 作物 | (1906.1.6) | [外報 15] |

용례　作物을建設ᄒ거ᄂ突出ᄒ時ᄂ各該所管警
務署ᄅ經ᄒ야警

| 雜居 | (1895.10.2) | [外報 15] |

용례　에移住ᄒ少數人種이오此永年間에他人種
과雜居ᄒ야其血族

| 雜誌 | (1895.6.21) | [外報 15] |

용례　(五月紐育銀行雜誌)

| ~的 | (1905.5.3) | [外報 15] |

용례　民■無指的向證處故呼出各洞執綱使坐場
中首出演說云與韓

| 積立 | (1906.3.24) | [外報 15] |

용례　疆土的並政略的變化가되리라

| 專賣 | (1894.8.19) | [外報 15] |

용례　法部第十四號紅蔘專賣法第四千百三(1908.
七

| 電線 | (1905.2.10) | [外報 15] |

용례　自安州至義州間電線을更爲修復ᄒ고本月
二日붓터

| 電話機 | (1896.3.18) | [外報 15] |

용례　年間에電話機로傳話ᄒ度數ᄂ五千七百万

度라郵遞電信及電

帝國   (1905.9.12)   [外報 15]

용례 大韓帝國外部大臣李夏榮及日本帝國特命
全權公使林權助

堤防   (1895.6.25)   [外報 15]

용례 ᄒ야家屋樹林을傾倒ᄒ며人畜道路를傷害
ᄒ며■堤防의決潰

製紙場   (1895.10.7)   [外報 15]

용례 이四十이오製紙場이九이오織絹場이六이
오製氷場이三十이

~組   (1894.7.11)   [外報 15]

용례 一捲脚絆五百九拾組

條件   (1905.9.6)   [外報 15]

용례 第十九條政府ᄂ會社에對ᄒ야相當ᄒ條件
으로補助金을交

組成   (1896.3.14)   [外報 15]

용례 亦黑人으로組成ᄒ더라大統領은陸軍大元
帥요州兵을召集ᄒ

組織   (1905.9.6)   [外報 15]

용례 第三條會社ᄂ株式會社의組織으로홈이라

造幣局   (1896.6.24)   [外報 15]

용례 ᄒ미造幣局開設의事ᄂ一時中止ᄒ貌樣이
더니近來에直隷總

存在   (1907.9.21)   [外報 15]

용례 存在ᄒ構筑物과其他의物件이有ᄒ时ᄂ所

有者는農商工部

左翼　　　　(1894.8.22)　　　　[外報 15]

용례　錫文은左翼将郑士弘은右翼将郑千妆는召
募将李汉圭는中军

週報　　　　(1896.7.2)　　　　[外報 15]

용례　(四月二十三日澳國商業週報)

衆議院　　　　(1896.4.1)　　　　[外報 15]

용례　英國外部次官「가순」氏는衆議院에셔「사우
이리야무ㅎ고도」氏

蒸氣機械　　　　(1895.10.7)　　　　[外報 15]

용례　印度는工業國이라不謂ㅎ미라蒸氣機械의
輸入以前은只是一

支那　　　　(1908.9.28)　　　　[外報 15]

용례　시니去今僅히二十餘年前에彼地에在留ㅎ
는支那人의發見홈

支線　　　　(1896.11.6)　　　　[外報 15]

용례　西伯利鐵道總長은二個支線을合ㅎ야二万
里가되니法都巴里

地震　　　　(1895.8.27)　　　　[外報 15]

용례　中央亞米利加의大地震이라

紙幣　　　　(1905.5.29)　　　　[外報 15]

용례　第三百九十三條紙幣나金銀銅貨를僞造ㅎ
者는幷히絞에處

職工　　　　(1905.12.22)　　　　[外報 15]

용례　第三職工人夫에게給ㅎ는諸費

進步　　　　　(1896.2.12)　　　　[外報 15]
　　　　　용례　之ᄒ야(1894.六月以後로ᄂ國家가文明進步
　　　　　　　　ᄒᄂ名만

參與　　　　　(1905.12.31)　　　　[外報 15]
　　　　　용례　에派送됨을得흠이라但此境遇에도審査會
　　　　　　　　議議決에ᄂ參與

吋　　　　　　(1905.12.21)　　　　[外報 15]
　　　　　용례　第七條軌道幅員은特許ᄅ得ᄒ外에ᄂ總히
　　　　　　　　四呎八吋半으로

總督　　　　　(1895.8.15)　　　　[外報 15]
　　　　　용례　今番규바獨立黨의總督에被撰ᄒᄂ도스에
　　　　　　　　숫드라리발먀氏ᄂ

總長　　　　　(1900.10.1)　　　　[外報 15]
　　　　　용례　軍務局總長에게具報ᄒ야指令을待ᄒ야處
　　　　　　　　決흠이라

總裁　　　　　(1900.11.29)　　　　[外報 15]
　　　　　용례　量地衙門總裁官沈相薰言事疏

總取締　　　　(1895.5.30)　　　　[外報 15]
　　　　　용례　總取締收朴眞

出口　　　　　(1901.1.2)　　　　[外報 15]
　　　　　용례　領事接文之日起笇一个月之后始行禁令矣
　　　　　　　　第伏念禁糧出口是

出産　　　　　(1895.8.26)　　　　[外報 15]
　　　　　용례　世界諸國에셔小麥出産見積高多ᄒ미라

出生　　　　　(1909.2.27)　　　　[外報 15]
　　　　　용례　一出生、死亡、戶主變更、分家、一家創

立、廢家、廢絶家

| 出迎 | (1896.10.23) [外報 15] |
| | 용례 이該地에出迎ᄒ얏다홈 |

取締 (1907.2.7)　　　[外報 15]
　　용례　衡의制造輸入販賣修覆檢定及取締에關ᄒ
　　　　　事務를掌홈이라

噸 (1895.6.2)　　　[外報 15]
　　용례　南京總督張之洞이八千噸의載鬪艦二隻과
　　　　　五千噸三千噸의

投票 (1898.11.4)　　　[外報 15]
　　용례　律學識에通達ᄒ者로投票選擧ᄒᆯ事

特權 (1900.10.1)　　　[外報 15]
　　용례　同等이라도第二十四條에揭載ᄒ바特權이
　　　　　有ᄒ者ᄂ

特許 (1909.10.4)　　　[外報 15]
　　용례　ᄒ特許權者又ᄂ特許에關ᄒ權利를有ᄒ者
　　　　　의權利義務ᄂ其

平方 (1905.3.29)　　　[外報 15]
　　용례　平大二分平方大四分平方

葡萄酒 (1895.8.24)　　　[外報 15]
　　용례　이頗劣惡에陷홈이요但近頃大流行ᄒ人工
　　　　　葡萄酒ᄂ論外에置

暴動 (1896.2.12)　　　[外報 15]
　　용례　還御코져홈이러니夫何犯人就縛ᄒᆯ時에愚
　　　　　民이暴動ᄒ야殺害

河口　　　　(1895.9.11)　　　　[外報 15]

　　　　용례　부루]河黑海에流出ᄒ河口로通ᄒ을有ᄒ니
　　　　　　　其工事가甚難ᄒ

下命　　　　(1895.9.1)　　　　[外報 15]

　　　　용례　戰鬪의一方面에서反徒軍佐官一人을虜ᄒ
　　　　　　　■董提督이下命ᄒ

漢字　　　　(1909.7.3)　　　　[外報 15]

　　　　용례　書法에用ᄒᄂ漢字의書體ᄂ楷書、行書의
　　　　　　　一種又ᄂ二

~割　　　　(1905.5.3)　　　　[外報 15]

　　　　용례　亂斫官檻割肉而投之刺血而濺之以至官避
　　　　　　　內堂吏校奴令亦

割當　　　　(1895.2.17)　　　　[外報 15]

　　　　용례　此를人口에割當ᄒ면一万人에對ᄒ야六基
　　　　　　　羅米突半에不過요

艦隊司令官　　(1895.6.1)　　　　[外報 15]

　　　　용례　德國領事에請ᄒ야德國艦隊司令官에게保
　　　　　　　護를

海軍　　　　(1909.7.14)　　　　[外報 15]

　　　　용례　千歲艦長海軍大佐高島万太郎

海面　　　　(1895.6.26)　　　　[外報 15]

　　　　용례　此日天氣가晴朗ᄒ고海面이平穩ᄒ더라德
　　　　　　　國과外國皇族의乘

解散　　　　(1905.5.3)　　　　[外報 15]

　　　　용례　橋則時已過午會民魚喎蟻屯欲以冊室傳托
　　　　　　　之說聲佈解散而亂

憲兵   (1900.10.1)   [外報 15]

     용례   나憲兵哨兵이나警察官吏가隨現隨捉ᄒ야
          軍人은憲兵에게

胡麻   (1895.10.6)   [外報 15]

     용례   ᄂ油ᄅ製造ᄒᄂ菜種胡麻芝麻及篳麻의種
          類라其耕作은連年

確立   (1895.8.15)   [外報 15]

     용례   獨立ᄅ確立ᄒ事에爲ᄒ야全力ᄅ可注ᄒ니
          이라予ᄂ此戰에占

確保   (1895.7.23)   [外報 15]

     용례   을確保ᄒ야■淸國政府로ᄒ야곰容易히其
          發行ᄒ節次ᄅ結了

擴張   (1905.4.26)   [外報 15]

     용례   第三條韓國에通信機關擴張을爲ᄒ야日本
          國政府에셔

活版   (1909.10.4)   [外報 15]

     용례   第十六條商標의印版은本版、細綱版及其
          他活版印刷에適

16. 時刻表

頭取　(1908.9.28)　　　　[正誤 16]

용례　二、頭取及支配

抹消　(1909.10.4)　　　　[備考 16]

용례　第五十五條假登錄의抹消ᄂ假登錄名義人
에셔此를申請홈

噴水　(1898.8.22)　　　　[別紙 16]

용례　全身以紙覆面噴水致死罪照同律同編鬪毆
及故殺人條故殺

備考　(1905.6.30)　　　　[備考 16]

용례　年度及主管廳名欵項調定額收入額缺損額
收入未畢額備考

師團長　(1905.4.21)　　　　[正誤 16]

용례　師團長에게報告ᄒ고旅團長에게互相照牒
ᄒ며

寫眞帖　(1908.3.31)　　　　[公告 16]

용례　○乾元節園遊會紀念寫眞帖豫約發賣公告

手段　(1895.4.19)　　　　[號外 16]

용례　或은他의手段을因緣ᄒ여加功이되지러라

水夫　　　　(1908.5.9)　　　　　　[公告 16]

　　　　　용례　一群山稅關附屬船員及水夫舍改築工事

助字　　　　(1908.1.11)　　　　　　[正誤 16]

　　　　　용례　에佐字ᄂᆫ助字로正誤ᄒ고第十一行住野佳
　　　　　　　　吉에佳字ᄂᆫ嘉字로

脫落　　　　(1904.8.5)　　　　　　　[正誤 16]

　　　　　용례　六品二字가脫落홈이라

号外　　　　(1909.12.28)　　　　　　[号外 16]

　　　　　용례　本月十二日█日号外官報太医院承

17. 其他(備考, 正誤 등)

局限　　　　(1909.12.28)　　　　[議案 17]

용례　一未下各官吏祿料査明實數付之度支衙門
國債局限

發着　　　　(1905.12.21)　　　　[仁川港臨時輪船出發表 17]

용례　第二十七條列車發着時間及度數를定ᄒ거ᄂ

本文　　　　(1895.6.26)　　　　[正誤 17]

용례　官報第九十八號告示欄內農商工部告示第
四號本文[漢城內

18. 소속 항목이 없는 것

~家

(1895.8.24)   [18]

용례 觀察ㅎ기는 歷史家와 政治家에 가쟝 有益홀 得ㅎ고 泰西人士는

國家

(1900.10.1)   [18]

용례 第七十四條國家의 常典이나 人民의 通義를 違背ㅎ야 公益私

騎士

(1894.8.8)   [18]

용례 摠禦營左一番騎士將金炳堯改差代單望後 錄恭呈

滿車

(1894.10.29)   [18]

용례 黍多稌登■焉滿簾滿車似此降康之呈祥宜 無執災之

事典

(1894.9.14)   [18]

용례 禹熙咸洛基學務衙門主事典藉鄭海季庇仁 縣監徐相

上下

(1895.2.2)   [18]

용례 然故라ㅎ야上下同心ㅎ라

素性

(1894.9.19)   [18]

용례 錦伯書目丹陽郡守宋秉弼素性貪婪施措乖

當連原察

수첩　(1905.8.18)　　　　[18]

　　용례　修治급수첩

委囑　(1895.11.12)　　　　[18]

　　용례　方收稅官吏에게委囑ᄒ믈得홈

日本　(1896.11.21)　　　　[18]

　　용례　俄國東境交通及朝鮮日本間에셔貿易ᄒᄂ
　　　　目的으로ᄒ俄國商

增加　(1902.12.31)　　　　[18]

　　용례　中央銀行은前項外에市場景況을由ᄒ야流
　　　　通貨幣를增加ᄒ

綴字　(1909.12.28)　　　　[18]

　　용례　一編輯局掌國文綴字各國文繙繹及敎課書
　　　　編緝等事

總理大臣　(1896.9.25)　　　　[18]

　　용례　內閣總理大臣尹容善

編號　(1909.12.28)　　　　[18]

　　용례　一主稅局掌國稅賦課關稅徵收田籍編號衆
　　　　議一員主

下宿　(1894.12.5)　　　　[18]

　　용례　置之○昨日總理大臣軍務大臣奏各營使今
　　　　旣減下宿

下品　(1894.7.21)　　　　[18]

　　용례　下品秩照舊辦理倘遇乏人各衙門大臣以下
　　　　無碍塡差

저자약력

▮김지연

고려대학교 일어일문학과 졸업
한국외국어대학교 대학원 일본어과 문학석사
고려대학교 대학원 일어일문학과 문학박사
현 한국방송통신대학교 일본학과 전임대우강의교수

논문
『대한제국 官報에 나타나는 일본한자어에 대하여』
『大韓帝國官報에 나타나는 일본어 어휘와 그 수용실태에 대하여』
『일본한자어의 수용과정으로 고찰한 大統領의 성립』등

大韓帝國官報에 수용된 일본어어휘의 편제별 분류

초판인쇄	2014년 04월 21일
초판발행	2014년 04월 29일
저 자	김 지 연
발 행 인	윤 석 현
발 행 처	제이앤씨
책임편집	최인노 · 김선은
등록번호	제7-220호
우편주소	㉾ 132-702 서울시 도봉구 창동 624-1 북한산 현대홈시티 102-1106
대표전화	02) 992 / 3253
전 송	02) 991 / 1285
홈페이지	http://www.jncbms.co.kr
전자우편	jncbook@hanmail.net

ⓒ 김지연 2014 All rights reserved. Printed in KOREA

ISBN 978-89-5668-422-2 93730   정가 14,000원